L'HOMME QUI VOULAIT ÊTRE PRINCE

Les vies imaginaires de Michal Waszynski

SAMUEL BLUMENFELD

L'HOMME QUI VOULAIT ÊTRE PRINCE

Les vies imaginaires de
Michal Waszynski

BERNARD GRASSET
PARIS

Introduction

Longtemps, les juifs au cinéma sont restés chez moi un sujet tabou. C'était une réaction instinctive, dans mon entourage. Il était hors de question de regarder la moindre image antérieure à 1945 où apparût le moindre juif, de peur de reconnaître un visage connu – un ami ou un membre de la famille – dont le cinéma attesterait l'existence et la perte. Je ne m'attendais pas à reconnaître quiconque en allant voir pour la première fois un film yiddish en 1981 lors de la ressortie du *Dibbouk*. Je trouvais juste curieux qu'il m'ait fallu attendre l'année de ma majorité pour découvrir l'existence d'un cinéma yiddish. Je trouvais aussi bien ironique que ce soit mon père, moins nerveux devant la présence des juifs à l'écran, qui ait pris l'initiative de m'emmener voir *Le Dibbouk*, comme s'il s'agissait d'un rite initiatique réservé aux hommes. *Le Dibbouk* était le film qu'un père faisait découvrir à son fils pour lui rappeler que la culture juive d'Europe centrale ne s'affichait pas seulement sur les murs de sa bibliothèque, mais qu'elle était aussi incarnée par plusieurs millions d'individus auxquels le cinéma redonnait vie. *Le Dibbouk* permettait aussi à mon père de me signifier, une fois encore, que le monde dont il est issu n'était plus. Et la leçon s'avérait très violente. Le cinéma étant un médium de préservation et un art de l'embaumement, les visages de ces juives et de ces juifs du *shtetl* (ghetto) m'apparaissaient avec d'autant plus d'éclat qu'ils avaient disparu.

Je n'ai reconnu personne en découvrant *Le Dibbouk.* Mais j'en suis sorti avec un nom en tête, celui du réalisateur du film, Michal Waszynski, dont je n'avais jamais entendu parler. Comment se fait-il que cet homme, surgi du néant, soit retourné, avec la quasi-intégralité des autres noms mentionnés au générique, dans un néant encore plus profond ? On parle des mystères de l'enfance ; Michal Waszynski a été mon premier mystère d'adulte.

En surface, *Le Dibbouk* ressemble à *L'Exorciste* de William Friedkin, peut-être le film le plus effrayant de l'histoire du cinéma. La trame de *L'Exorciste* – une jeune fille possédée par le démon – reprend celle du *Dibbouk*. Le film de Michal Waszynski se révélait aussi terrifiant. Il dépasse le simple cadre d'un exorcisme. Dans la Pologne de 1937, il ne s'agit plus d'expulser le démon mais, bien au contraire, d'accueillir un mal inéluctable, et de sombrer avec lui. Michal Waszynski avait deviné la catastrophe à venir. Comment y était-il parvenu ? Personne n'a vraiment cherché à le savoir. Et il avait de toute façon emporté son secret dans la tombe.

La sortie, en 1992, du *Dictionnaire des films* de Jacques Lourcelles montrait que l'affaire n'était pas classée. Contre toute attente, son ouvrage comporte une entrée consacrée au *Dibbouk*. Les noms de presque tous les collaborateurs sont mal orthographiés. L'année de sortie du film, 1938, est inexacte. Mais Lourcelles a saisi le plus important, à savoir l'indéniable qualité artistique de cette modeste production. Il fournissait aussi quelques informations biographiques sur Waszynski. Né en 1904, mort en 1965, il avait été assistant de Murnau, effectué l'essentiel de sa carrière de réalisateur en Pologne de 1929 à 1939, avant de travailler en Italie comme directeur artistique puis vice-président des Productions Bronston en Espagne.

Samuel Bronston était un producteur américain originaire de Bessarabie. Il avait, avec de l'argent bloqué en Espagne appartenant au milliardaire Pierre Du Pont de Nemours, produit quelques-uns des films à grand spectacle les plus flamboyants – les plus chers aussi – des années 1960, comme *Le Cid* * [1], *Les 55 Jours de Pékin* * ou *La Chute de l'Empire romain* *. Et voilà que l'éminence grise de ces superproductions était ce Michal Waszynski. Comment avait-il atterri ici ? Par quel miracle, et par quels prodiges, avait-il réussi à échapper aux nazis et à s'installer en Espagne pour produire des films si fastueux que les studios hollywoodiens, guettés par la faillite, n'osaient plus les financer ?

Le principe de cette biographie s'est définitivement installé en 2000, à Vienne, en Autriche, à l'occasion d'une rétrospective consacrée à la « liste noire » dans le cinéma américain. Norma Barzman était venue présenter une

1. Les titres de films suivis d'un astérisque sont référencés dans la filmographie située en fin d'ouvrage.

partie des films écrits par son mari, Ben Barzman, l'un des plus célèbres scénaristes blacklistés, auteur du *Garçon aux cheveux verts* et de *Temps sans pitié* de Joseph Losey, et du *Cid*, une production Samuel Bronston. Norma Barzman est une femme d'un âge certain, mais le temps n'a pas entamé sa mémoire. Son talent de conteuse est resté intact. Se souvenait-elle, demandai-je, d'un certain Michal Waszynski qui aurait travaillé chez Bronston ? Et comment ! A l'entendre, il s'agissait d'un personnage d'une stature exceptionnelle, un arnaqueur de haut vol qui se faisait passer pour prince polonais. « Il est aussi le réalisateur du *Dibbouk* », ajoutai-je. « Dans ce cas, on ne parle pas de la même personne », répondit-elle.

Nous parlions pourtant bien du même homme. A la fin du dîner, j'avais un aperçu dantesque des intrigues de couloirs du tentaculaire empire Bronston, que dirigeait avec une rare désinvolture le neveu de Trotski. Il se contentait de taper sur l'épaule de ses collaborateurs pour les féliciter, et dilapidait son argent avec une telle facilité qu'on pouvait en déduire qu'il détenait une planche à billets. Les scénaristes employés par Bronston étaient en majorité des écrivains américains blacklistés, employés à la chaîne, et priés d'en laisser un autre, un certain Philip Yordan, signer leur travail à leur place. Il y avait enfin un prince polonais bidon, soupçonné de détournements de fonds colossaux, qui confondait la vie avec les films. De ce jour, je n'arrivai plus à m'enlever Michal Waszynski de la tête. Le chemin qui menait du plateau du *Dibbouk* à cet immense studio des environs de Madrid me semblait tellement tortueux, et à ce point aberrant, qu'il semblait crucial de chercher à comprendre ce qui s'était passé.

La figure d'un cinéaste juif qui réécrit sa biographie n'est pas nouvelle. Josef von Sternberg avait rajouté une particule à son nom. Erich von Stroheim était allé encore plus loin dans la folie. Il avait non seulement pratiqué le même tour de passe-passe que Sternberg, mais également inventé son prétendu passé militaire, ses liens avec l'aristocratie autrichienne et son histoire familiale, alors qu'il était en réalité issu d'une famille juive orthodoxe.

Michal Waszynski avait quelque chose de plus à mes yeux : personne ne s'était penché sur lui. Comme Sternberg et comme Stroheim, il constituait un cas typique d'abandon de soi, comme s'il était tellement pénible de porter son histoire qu'il valait mieux lui tourner le dos pour s'en inventer une autre. La méconnaissance de Norma Barzman sur le cas Waszynski m'avait tout aussi impressionné que sa perception juste et fine du réalisateur du *Dibbouk*. Après tout, Michal Waszynski avait réalisé quarante films en Pologne avant guerre. Il était le metteur en scène le plus populaire de sa génération. Et voilà une personne qui l'avait côtoyé plusieurs années sans rien soupçonner de ce passé. Plus troublant encore, elle m'assurait que Waszynski n'avait jamais fait mention à quiconque de ce passé.

Ce phénomène allait devenir une règle au cours de mon enquête. « Il répétait que le passé ne compte pas, seulement ce qui est devant nous », m'expliqua plus tard l'un de ses amis, Giorgio Dickmann. Waszynski a effectivement tout mis en œuvre pour effacer les traces de son passé. Très souvent, j'ai eu l'impression de donner des informations à des témoins pourtant supposés m'en fournir. Certains m'ont affirmé qu'il était un grand réalisateur. D'autres, un authentique prince polonais. Qu'il avait volé l'argent de Samuel Bronston. Ou, au contraire, préservé son patrimoine. Qu'il était homosexuel. Aurait vécu une longue histoire d'amour avec Lucille Ball, la grande star de la télévision américaine dans les années 1950. Qu'il était juif. Catholique fervent, ami du pape Jean XXIII. Avait vécu pendant la guerre aux Etats-Unis chez Helena Rubinstein, la fondatrice de la marque de cosmétiques du même nom. S'était marié à une princesse italienne dont il avait récupéré l'inestimable collection d'art de la Renaissance. Personne n'a été capable de me raconter tout cela à la fois. Chacun connaissait une facette de Michal Waszynski, à l'exclusion des autres. Que se passerait-il si l'on regardait cette existence dans son intégralité ? Se trouverait-on devant une pierre précieuse dont il est possible d'admirer toutes les facettes ? Ou face à un monstre dont la roublardise serait enfin mise à nu ?

Ce livre n'a pas été facile à mener. On ne marche pas impunément sur les traces d'un individu qui a placé tout son savoir-faire dans l'imposture. « De quel Michael voulez-vous que je vous parle ? Le vrai Michael ou le Michael de fiction ? » me dit d'emblée John Drake Moore, le décorateur et costumier des Productions Bronston. Avant même de répondre à la question, il s'était ravisé : « Je crois que je ne connais que le Michael de fiction, et c'est mieux ainsi. » La vérité est devenue une valeur relative de ce travail et mon champ d'investigation s'est peu à peu déplacé. Pourquoi l'artiste Michal Waszynski a-t-il décidé un jour que son chef-d'œuvre ne serait pas un film, mais sa vie ?

Le cliché voudrait que la vie de Michal Waszynski soit un roman. Le romanesque est une dimension évidente dans l'existence de cet homme né en Pologne, éduqué à Moscou et à Varsovie, réalisateur emblématique du cinéma polonais d'avant-guerre, et officier de l'armée Anders pendant la Deuxième Guerre mondiale, l'armée polonaise placée sous commandement britannique, qui sillonna le Moyen et le Proche-Orient avant de combattre en Italie. Et puis, c'était une tâche excitante de découvrir l'œuvre d'un cinéaste ayant réalisé quarante films que personne n'avait daigné, à l'exception du *Dibbouk*, revoir depuis leur sortie.

Il a fallu encaisser certaines déceptions. Michal Waszynski n'est pas un grand cinéaste. Il a su élever son art à des hauteurs insoupçonnables pour *Le Dibbouk*. Pour le reste, ses films sont parfois acceptables, mais le plus souvent ridicules. Seulement, Waszynski possédait un talent inné pour se trouver au bon endroit. Il est parvenu à réaliser le plus grand film yiddish de l'histoire. Il a dirigé Anna Magnani, peu après *Rome, ville ouverte* de Roberto Rossellini, dans un mélodrame intitulé *L'Inconnu de Saint-Marin* *. Il est devenu l'assistant d'Orson Welles sur *Othello*. Le directeur artistique de William Wyler pour *Vacances romaines*, et le producteur de Joseph L. Mankiewicz sur *La Comtesse aux pieds nus*. Et pour finir, l'éminence grise de Samuel Bronston.

Au fil des mois, les films de Michal Waszynski avaient tendance à se confondre, ceux qu'il avait réalisés, comme ceux auxquels il avait participé. Du *Dibbouk* à *La Chute de l'Empire romain* d'Anthony Mann, en passant par *La Comtesse aux pieds nus* * ou *Quo Vadis* * de Mervyn LeRoy, il me semblait évident que Waszynski était aimanté par la même idée. Celle d'un monde en décadence ou sur le point de disparaître. De ce point de vue, son cinéma ne ment pas. Cet homme né avec les pogroms, déporté en Russie en 1939, ne pouvait que nous raconter l'expérience récurrente de sa vie : la fin du monde.

Une biographie se soucie légitimement de réunir une somme d'informations sur un individu. Une entreprise particulièrement frustrante dans le cas de Michal Waszynski. Les traces de son existence avaient été effacées depuis longtemps. Par les nazis. Et par ses propres mensonges. Il m'a fallu longtemps pour réaliser que cette frustration deviendrait un atout. Elle a tout simplement modifié les données du problème. Je me demandais ce qu'il y avait à dire sur Michal Waszynski. En fait, il fallait aussi se demander ce que lui avait à dire sur nous.

A partir de là, tout s'est éclairci. C'était d'évidence un fardeau trop lourd d'être juif en Pologne pour le supporter encore davantage. Quand la vie ici-bas est trop insoutenable, il devient préférable de la rêver. Personne n'a su le faire aussi bien que Michal Waszynski. L'aristocratie inventée de Josef von Sternberg et d'Erich von Stroheim était une posture, destinée à asseoir leur aura. Leurs talents de metteurs en scène étaient tels qu'ils pouvaient se passer d'un mensonge pareil pour exister. Michal Waszynski est allé plus loin. Il a vécu sa vie de prince avec une telle intensité que toute l'aristocratie romaine des années 1950 puis l'establishment franquiste dans les années 1960 ne pouvaient décemment soupçonner que son arbre généalogique fût fabriqué de toutes pièces. « Vous savez, me dit Mary Fenidi, l'une des secrétaires de Samuel Bronston, Waszynski était une multitude d'hommes à la fois. Vous le mettiez au sein de n'importe quelle assemblée et vous aviez l'impression qu'il connaissait ses membres depuis l'enfance. Je n'ai jamais vu une telle capacité d'adaptation. Il était fascinant. » Polonais en Pologne, juif lors du tournage du *Dibbouk*, aristocrate durant son séjour en Italie, franquiste pendant ses dernières années en Espagne, Waszynski avait intuitivement compris qu'il ne pourrait survivre qu'en développant à l'extrême son talent de caméléon.

Le concept de haine de soi, si courant chez certains juifs, où le mépris de son histoire, de sa culture et de sa religion se transforme en une identité négative, n'est pas opérant dans le cas de Waszynski. C'est plutôt le concept, moins connu, d'« abandon de soi » où l'on devient un autre en faisant mieux que les autres, qui se montre pertinent.

Avant de me fixer sur Waszynski, j'avais

pensé écrire sur deux autres personnalités juives, atteintes du même syndrome. J'avais été frappé en premier lieu par l'odyssée de Lev Nussimbaum, un juif né en 1905 dans un train qui traversait le Caucase. Ses parents, issus d'un *shtetl* d'Europe centrale, avaient fui l'antisémitisme pour s'installer en Azerbaïdjan, où ils font fortune dans le pétrole. Lev Nussimbaum est l'archétype du juif qui aura su se réinventer de façon absolue. Lorsqu'il meurt en 1942 en Italie, pourchassé par les nazis, il s'appelle désormais Kurban Saïd. Il est sympathisant du parti fasciste, nostalgique du tsar, et romancier à succès. Il est l'une des vedettes des cercles littéraires de Berlin où il se fait passer pour le fils d'un aristocrate turco-perse et d'une Russe blanche. *Ali et Nino*, son roman le plus célèbre, une histoire d'amour située à Bakou, a été l'un des plus gros best-sellers en Allemagne avant guerre. D'autres connaissent Nussimbaum sous le patronyme d'Essad Bey, un prince musulman, auteur de plusieurs biographies consacrées au tsar Nicolas II, à Staline et au shah Reza Pahlavi. Il était évident que ce statut de juif errant, condamné à la précarité puis à l'extermination par une Europe qui lui refusait le droit même d'exister, avait fini par rendre Nussimbaum fou. Il s'était installé dans un Orient de pacotille où, loin de chercher à le déloger, on le payait très cher pour l'écouter parler de sa patrie imaginaire.

Le comédien Paul Muni est un autre exemple canonique d'abandon de soi. Né en 1895 en Pologne, Muni Weisenfreud était le fils de comédiens itinérants. Il avait sept ans quand sa famille s'installa à New York, où il devint une vedette du théâtre yiddish, et plus tard de Broadway sous le nom de Paul Muni. Il arriva à Hollywood en 1929 et obtint vite une nomination aux Oscars. Après un deuxième film, il retourna à la scène. Il revint en star à Hollywood, tenant le rôle-titre de *Scarface* – la saga d'un gangster italien inspirée par le personnage d'Al Capone – et de *Je suis un évadé*. Muni interprétera plus tard un Français avec *La Vie de Louis Pasteur*, un Chinois dans *Visages d'Orient* et un Mexicain dans *Juárez*. Sa carrière apparaît comme l'archétype de l'identité torturée de l'acteur juif à Hollywood, endossant sans cesse l'ethnicité des autres. Cet homme d'une intensité désespérée, et d'une solitude tout aussi désespérée, était, selon un de ses amis, « l'un des êtres les plus malheureux que j'aie jamais connus. Et ce qui déprimait Muni, c'est qu'il jouait toujours des rôles de composition. Il ne jouait jamais son propre personnage, et il n'a jamais eu l'occasion de jouer un amoureux... Enfant déjà, il jouait le rôle d'un vieillard ». Muni s'était tellement effacé qu'il n'ouvrait jamais sa porte s'il n'était pas maquillé.

Waszynski avait quelque chose de plus que Lev Nussimbaum et Paul Muni : il avait réussi. Son destin n'est pas tragique. Il est flamboyant. Il s'est rêvé prince. Il a vécu en prince. Il est mort en prince.

Il a fallu consulter pour ce livre des documents en polonais, en yiddish, en anglais, en français, en russe, en italien et en espagnol. Autant de langues que Michal Waszynski maniait avec une égale aisance. Mais il m'est aussi apparu que son parcours, de Varsovie au Caire, puis de Jérusalem – dont il filme la vieille ville durant la guerre – à Rome, et enfin à Madrid, dessine une étonnante cohérence. L'itinéraire de Michal Waszynski est un concentré de deux mille ans d'histoire juive. Ne faisant rien comme tout le monde, le réalisateur polonais a accompli ce parcours à rebours. Une partie du peuple juif a quitté la Judée il y a deux mille ans, puis s'est trouvée expulsée d'Espagne quinze siècles plus tard. Beaucoup se sont installés en Pologne, où ils se sont fait exterminer. Les plus chanceux ont trouvé un bateau qui les ramena en Palestine. Waszynski a fait le parcours inverse. Il est parti de Pologne pour Israël, puis a quitté la Terre sainte pour l'Espagne, d'où ses ancêtres avaient été expulsés en 1492. En exorcisant son histoire, il a repris possession, selon ses termes, de deux mille ans d'histoire juive. Le récit de ses années en Espagne, main dans la main avec le pouvoir franquiste, admiré comme prince, vénéré par le clergé, ami intime de Juan Carlos et de la marquise de Villaverde, fille du général Franco, tous loin de se douter que ce prince polonais apportait aussi avec lui la culture du *shtetl*, ressemble à une prise de pouvoir souterraine ou au retour de l'enfant vengeur, sur les terres mêmes d'où sa famille fut expulsée.

Giorgio Dickmann, le meilleur ami de Waszynski, m'a souvent décrit la scène suivante : le soir, à Rome, Michal Waszynski prenait sa Rolls-Royce aux poignées en or massif, à la recherche d'une copie du *Dibbouk*. Cette copie n'existait plus. Je me suis souvent dit que ce film – le seul dont il daignait parler à ses proches – constituait davantage qu'un simple motif de fierté. C'était un miroir tendu, et une empreinte du monde qu'il avait abandonné et qui le fuyait. A défaut de pouvoir reconstituer son passé, Waszynski l'a réinventé. Je ne savais pas que cette vie dévoilerait ainsi un véritable univers parallèle où le principe même de vérité biographique se révélerait pure chimère. Par-dessus tout, je ne savais pas que ce livre montrerait une figure qui, malgré l'obscurité dans laquelle elle vivait, échappait à toute notion de bien et de mal, de vrai et de faux et même d'ombre et de lumière.

1

L'enfance d'un prince

Il fait étrangement chaud cet après-midi-là, en 1965, au Jockey-Club à Madrid, une chaleur peu ordinaire pour un mois de janvier, même en Espagne. Michal Waszynski a rendez-vous avec l'un de ses proches, le décorateur américain John Drake Moore. Plus tard, celui-ci utilisera pour décrire son ami les termes « mou, gras et fatigué ». Rongé par le diabète, il s'écroulera deux semaines plus tard à la même table, la tête la première dans son plat de truffes – son mets de prédilection –, terrassé par une crise cardiaque. Quelques jours plus tôt seulement, Michal Waszynski était encore au sommet de son art. Il est l'incontestable numéro deux des Productions Bronston, investi d'une mission des plus étranges : produire les plus grands films de l'histoire du cinéma et, pour cela, dépenser le plus d'argent possible. L'objet du déjeuner ne porte pas sur les incuries de l'empire Bronston, qui ne tardera pas à voler en éclats quelques semaines plus tard, mais sur une étrange lettre envoyée par Waszynski à Moore. Elle est d'une lucidité terrible : « Toute ma vie j'ai essayé de donner le change, avec mon allure d'altesse royale et mon insolente apparence. Tout cela n'était que poudre aux yeux, un simple déballage, il n'y a aucune consistance là-dedans, encore moins d'honnêteté. Je crois bien avoir roulé mon monde, mais le monde, toi et moi le savons bien, est con. » La lettre est encore là, écrite dans un anglais impeccable. Même l'argot est ciselé à la perfection. La voix de John Moore accentue le sentiment d'étrangeté. Soigné autrefois pour un cancer de la gorge, il a abandonné en chemin quelques cordes vocales qui donnent à son élocution ce timbre métallique si particulier. Cette voix irréelle vient d'outre-tombe. « Il est mort, c'est tout », fut la dernière phrase de John Drake Moore au sujet d'un homme qu'il a côtoyé, aimé, apprécié et, surtout, connu. « C'est tout, monsieur », a-t-il ajouté.

Michal Waks est né le 29 septembre 1904 à Kovel, en Volhynie, une région située en Pologne jusqu'à la fin du XVIIIe siècle, passée ensuite sous contrôle russe, redevenue polonaise entre 1918 et 1939, et aujourd'hui partie intégrante du territoire ukrainien. Michal Waks ne changera de nom qu'en 1922, pour ses grands débuts au cinéma, devant la caméra, lorsque le réalisateur polonais Wiktor Bieganski lui suggère le patronyme plus polonais, et donc moins juif, de Waszynski.

La famille Waks est issue d'une longue lignée de juifs hassidiques dont la présence dans la région remonte au XVIIIe siècle. La Volhynie est, avec la région voisine de Podolie, la terre d'élection du hassidisme. Plusieurs disciples du Baal Shem Tov, le fondateur de ce mouvement populaire de renouveau religieux, sont originaires de cette région. Dans les années 1760, le hassidisme exerçait, sous l'impulsion du Rav Dov Baer, l'un des disciples du Baal Shem Tov, une influence décisive sur les affaires publiques de la Volhynie. Les communautés étaient administrées par des hassidim, et la moindre nomination ne pouvait être validée sans leur contrôle.

Piotr Waks, le père de Waszynski, était,

comme l'atteste l'annuaire professionnel de Kovel en 1920, forgeron de son état. Son épouse, Cécilia Flesz, vendait des volailles. Elle allait chercher deux ou trois poules pour les vendre chez des gens un peu plus aisés. C'est comme ça qu'elle arrivait à nourrir ses enfants. Les époux Waks étaient des parents très éclairés et s'amusaient parfois de l'indépendance d'esprit de leur fils, qu'il s'agisse des crasses de potache qu'il faisait régulièrement à ses professeurs au *heder* – l'école primaire religieuse –, de ses renvois non moins réguliers de divers établissements, ou même de ses velléités artistiques. On raconte souvent que dans le *shtetl* le malheur était toujours public et, si le bonheur restait souvent secret, il s'étalait pesamment au grand jour lorsqu'il s'agissait pour les parents d'afficher leur fierté devant les qualités de leurs enfants. On hurlait très fort devant les enfants. On allait jusqu'à les maudire, pour les inonder ensuite d'un torrent de tendresse. Les parents Waks se comportaient sur un mode mineur avec leur fils. Ni excès, ni certitude déraisonnée sur les qualités de leur progéniture. Selon Waszynski, sa mère faisait preuve d'une confiance lucide dans ses qualités, certaine d'avoir mis au monde un garçon différent des autres, dont les atouts, s'ils obtenaient la possibilité d'éclater au grand jour, finiraient par trouver leur place dans le vaste monde. Ce simple espoir plaçait le jeune homme dans une position à part. Né et élevé dans le *shtetl*, il était investi de la mission, peu courante à l'époque, de le quitter pour mieux s'épanouir.

Kovel restera plus tard gravée dans la mémoire de Waszynski comme « une sorte de voyage sur la lune », expression qu'il ressortira à John Moore. Pas de trottoirs, pas de boutiques, pas de cinémas, pas de garages, pas de voitures, pas de bicyclettes, pas de lampadaires, pas de bouche d'incendie, pas de panneaux d'affichage ; pas un bruit qui rattache la ville au XXe siècle, si ce n'est une rangée de poteaux télégraphiques qui longeaient une rivière et une gare ferroviaire dont la vétusté frappera plus tard l'écrivain russe Isaac Babel. Dans son *Journal de 1920*, il la décrit comme « horrible », « dévastée » et « sinistrée ». Soldat dans la 1re armée de cavalerie russe, menée par le commandant Semion Mikhaïlovitch Boudionny durant la guerre russo-polonaise, Isaac Babel sillonna la Volhynie durant toute l'année 1920. « La ville, écrit-il dans son *Journal* à la date du 11 septembre 1920, garde des traces de la culture européano-judaïque. (...) Visite chez Yakovlev, maisonnettes paisibles, prés, ruelles juives, une vie tranquille, drue, les jeunes filles juives, les jeunes gens, les vieux près de la synagogue, peut-être des perruques, le pouvoir des soviets ne semble pas avoir troublé la surface, ces quartiers au-delà du pont. »

Bien qu'à Kovel l'église habituelle, un bâtiment baroque avec des tours bombées et des minarets, se dresse sur le tertre habituel, près des deux tiers de la population de la ville sont juifs. Ceux-ci représentent 48 % des habitants en 1897 (8 521 juifs), puis 61 % en 1921 (12 758 juifs). Le quartier juif de la ville n'est pas un ghetto, bien au contraire. Le *shtetl* de Kovel n'est pas l'appendice ou la banlieue d'une communauté chrétienne, comme pouvaient l'être les juifs du ghetto de Venise, de Rome, ou de Worms. A Kovel, on considère les quartiers slaves, dont les habitants, souvent analphabètes, n'ont guère de vie spirituelle, comme une zone étrangère où il n'y a rien à trouver, si ce n'est le chaos, la violence et l'ignorance. Il en résulte un fort sentiment de différence, lié à cette intense exigence spirituelle, et à cette sacralisation de l'étude et du savoir. Ce sentiment d'appartenance à une élite, plus que de supériorité, ne quittera jamais Waszynski. On peut même dire qu'il le raffinera par la suite. Membre d'une aristocratie de l'esprit, il se contentera de fréquenter plus tard une autre aristocratie, fondée elle sur le sang.

La vision des rares cartes postales de Kovel datant des années 1910 montre que la ville pose un défi aux plus élémentaires règles d'urbanisme. Impossible de trouver une rue rectiligne. A croire que chaque bâtiment cherche à se distinguer de tous les autres. La ville se compose d'un groupe de maisons entourant des rues larges et tortueuses au pavé inégal, les unes en bois, les autres en plâtre. D'autres, construites en briques, descendent doucement vers une verte prairie. La maison de la famille Waks se trouve, si l'on se fie au registre professionnel de la ville, au 26 de la rue Lutzker. Cette rue n'existe plus. La ville a été presque entièrement rasée durant la Deuxième Guerre mondiale, tandis que les 12 000 juifs qui la peuplaient ont été tués ou brûlés entre le 21 mai et le 6 octobre 1942. Selon Waszynski, sa maison était construite avec des troncs d'arbres. Il n'y avait pas de tuiles, ni rien de ce genre. Le toit aussi était fait avec des planches en bois. L'habitation est si petite qu'elle ne peut guère contenir que deux minuscules pièces et une cuisine. Elle se retrouve de plain-pied avec le sol. Elle est blottie entre les deux maisons qui l'entourent, comme si elle cherchait la protection de ses voisines.

Il n'y a pas non plus d'électricité chez les Waks. Elle existe un peu plus loin, mais elle ne sera amenée chez lui que lorsqu'il aura quinze ans, en 1919. Jusque-là, la maison de Waszynski sera éclairée avec des lampes à pétrole, comme dans l'ancien temps. Bien entendu, l'eau courante fait aussi défaut. Il faut puiser l'eau aux quelques rares fontaines dispersées çà et là. Ceux qui peuvent payer se la font livrer à domicile par des porteurs d'eau et la conservent dans de grands tonneaux. Les autres, comme la famille Waks, doivent faire eux-mêmes leurs provisions d'eau.

Michal Waszynski dressera plus tard à Giorgio Dickmann, un ami rencontré en Italie en 1946, dont il fera son légataire universel, un tout autre état des lieux de cette enfance, bien plus en harmonie avec le titre de prince qu'il s'attribuera. « Il m'a dit que son enfance avait été extraordinairement heureuse. Il aurait vécu dans un luxe inouï. La richesse de ses parents était incommensurable. Ils avaient une maison avec douze lacs, et une église. Cette propriété gigantesque était un défi lancé au regard. C'était son expression : "Quand tu la regardais, elle s'étendait à perte de vue. Tu vois l'horizon, Giorgio ? Eh bien, la propriété s'étendait au-delà de cet horizon. On n'a jamais vu ça." Puis, un jour, en pleine guerre, un soldat allemand est entré dans la propriété et a voulu pénétrer dans l'église. Son père a refusé. Pour Mischa, on ne pouvait ainsi blasphémer la figure du Christ. Cette église était un sanctuaire. Le symbole de la spiritualité intense de la dynastie Waszynski. Le soldat allemand ne l'a pas accepté. Il a abattu son père d'une balle en pleine tête. Voici comment aurait disparu le royaume des Waszynski. »

Les parents Waks ne sont pas comme les autres juifs. Ils ressemblent certes aux autres membres du *shtetl*. Piotr Waks a une barbe. La semaine il est en blouse sombre, en culottes et lourdes bottes. Sa femme arbore un visage sans maquillage, épuisé par le travail. Mais les apparences dissimulent un héritage particulièrement lourd. Les racines de la famille remontent bien au hassidisme, mais il s'agit d'un hassidisme torturé et douloureux. A John Drake Moore, Waszynski parle de grands-parents qui auraient adhéré au mouvement frankiste. « Du côté de mon père, ils avaient suivi, il y a longtemps, un certain Jacob Frank », aurait assuré Waszynski à John Moore. L'hypothèse, invérifiable en l'état, est fascinante, et en parfaite cohérence avec le personnage.

Né en 1726, mort en 1791, Jacob Frank fut influencé par les doctrines de Sabbataï Tsevi, le célèbre pseudo-Messie dont l'activité s'est principalement développée en aire ottomane, durant la seconde moitié du XVIIe siècle. Il est à l'origine d'un des mouvements messianiques juifs les plus puissants et les plus influents qui soient apparus dans l'histoire de la diaspora. A la différence de Sabbataï Tsevi, dont il se prétendait la réincarnation, Jacob Frank n'était pas un érudit. C'était plutôt un personnage rusé et charismatique, persuadé de parachever la mission de son glorieux ancêtre. Le terrain d'élection de Jacob Frank fut d'abord la Podolie, région voisine de la Volhynie, ce qui rend crédibles les affirmations de Waszynski. Jacob Frank estimait que la

Torah était désormais abolie, le Talmud devait être également mis de côté, au profit d'une nouvelle Trinité. Selon son système, la nature divine comportait désormais trois incarnations séparées, le « Premier », Sabbataï Tsevi ; le « Saint Seigneur », qui n'était autre que Jacob Frank en personne ; et enfin la « Dame », un messie féminin. Frank exigeait de ses adeptes un engagement indéfectible. Le vrai croyant devait se préparer à descendre dans l'abîme, abandonnant tout code moral ou religieux et se livrant à des rites sexuels orgiaques où même parents et enfants couchaient ensemble. La plaisanterie tourne court. Frank est excommunié par les autorités rabbiniques en 1756. D'abord enthousiaste, le clergé polonais enferme le faux Messie en 1760, bien qu'il se soit fait baptiser quelques mois plus tôt dans la cathédrale de Varsovie.

Après sa libération en 1793, Jacob Frank part en Allemagne où il se fait appeler baron von Frank. Les membres de sa secte l'ont quitté et s'en sont, comme la famille Waks, retournés à leur communauté d'appartenance. Ceux qui l'ont suivi se sont convertis comme lui. La secte continue de dégénérer jusqu'en 1817 sous la direction de la sœur de Jacob

Frank, avant de disparaître définitivement. Nombre de frankistes aisés se marièrent avec des membres de l'aristocratie polonaise. A partir de 1860, on les retrouve dans le camp de la réaction polonaise et de l'antisémitisme. Leur position dans la société polonaise devient très solide. Nul doute qu'une telle histoire familiale, avérée ou non, plaisait à Waszynski. Un individu comme Jacob Frank, tiraillé entre judaïsme et christianisme, et qui finit par se faire passer pour un aristocrate en rajoutant une particule à son nom, représente une figure idéale pour ce futur prince. D'une certaine façon, Waszynski ne quittera jamais Kovel, pas plus qu'il ne tournera vraiment le dos à son héritage familial. Il prolonge à sa manière le délire messianique inscrit à un endroit précis de sa généalogie. Que ce soit à Varsovie, en Sibérie, à Rome ou à Madrid, Waszynski emportera toujours avec lui Kovel et la part de mysticisme obscur et transgressif qui lui était due.

Celui-ci s'exerce chez le jeune Michal Waks dès 1918. Il a alors quinze ans. C'est à la *yeshiva*, l'école secondaire religieuse juive, qu'il rompt pour de bon avec la religion. Waszynski racontera plus tard sentir encore sur sa joue la gifle dont l'avait gratifié le *maschjiakh*, le surveillant des études, tandis qu'il traversait dans la neige la grand-place de Kovel, ayant été expulsé du *bet midrash*, le centre d'études, pour hérésie impudente. Peut-être dans une *yeshiva* située dans une ville plus grande – disons Cracovie, Varsovie ou Lublin – le *maschjiakh* aurait-il eu l'intelligence de sourire de son effronterie et de le laisser passer. Pas à Kovel. Pas dans cette région de Volhynie où Shalom Anski, qui s'apprêtait à écrire *Le Dibbouk*, venait d'organiser sept ans plus tôt sa célèbre expédition ethnographique dans les lieux les plus retirés de la Pologne et de l'Ukraine, qu'il estimait imperméable aux affres du temps et aux aléas de l'Histoire. A quinze ans, Waszynski était un brave garçon ; un enfant « aux boucles de soie », comme on disait en yiddish. Il excellait à interpréter les distinctions juridiques qui font la gloire du Talmud, les subtiles nuances éthiques que les ignorants appellent « couper les cheveux en quatre ». Ces discussions ont une élégance austère et quasi géométrique pour lesquelles il a non seulement un goût, mais une soif. Waszynski est un étudiant vedette du Talmud. Il est plus éveillé et plus vif que le *maschjiakh*. Peut-être ce dernier fait-il un complexe devant ce sujet brillant. Toujours est-il qu'il le gifla, et le mit, littéralement, sur le chemin de la croix. Waszynski citera le passage du traité des offrandes de Pessah, p. 146. Il se souvient aussi du sujet : « Les démons et comment les éviter, les duper et les conjurer ». Waszynski avait demandé : « Rebbe, existe-t-il vraiment des créatures telles que les démons ? » La claque fusa sur l'instant et il fut jeté dehors. Waszynski aurait dû savoir que les démons, les *dibboukim*, existent pour de bon. C'est bien la seule chose dont il sera certain plus tard.

Dehors, dans le triste paysage enneigé de Kovel, Waszynski donne libre cours aux doutes réprimés qui le harcèlent depuis des années. Il connaît l'allemand et le polonais. Il lit déjà, sensible à l'influence parentale, des journaux et des romans. Pour la première fois, il s'autorise à regarder le monde par-delà la *yeshiva*. C'est un monde scintillant de dangers étranges et de sensations mauvaises, mais néanmoins un monde plus large que le défilé des colonnes du Talmud. Il a la franche sensation de perdre son temps. Son choix est fait. Il tourne le dos à l'ambition naturelle de devenir un *ilui*, un prodige du Talmud. Il tentera à la place de devenir un *wonder boy* du monde du spectacle.

Michal Waszynski part de Kovel à la fin de l'année 1919. Il a tout juste seize ans. Ses parents ont compris qu'il n'y a plus d'avenir possible pour lui à la *yeshiva*. L'étude des textes sacrés ne l'intéresse plus. Le théâtre l'attire bien davantage. Il n'est alors pas question de cinéma. Waszynski n'a de toute façon encore jamais vu de film de sa vie. Non seulement, en quittant Kovel en 1919, le jeune Michal Waks devient Michal Waszynski, mais il s'affirme en tant qu'homme l'année même où naît le XXe siècle. Pour beaucoup d'historiens, le XXe siècle ne débute vraiment qu'en 1919, avec la fin de la Première Guerre mondiale, la Révolution russe, l'éclatement de l'Empire ottoman, de celui des Habsbourg et des Romanov, et le début des troubles en Inde, en Irlande et en Corée. Aux Etats-Unis, 1919 marque le début de la prohibition. Durant l'automne, 250 000 ouvriers de l'acier défilent dans les rues et se mettent en grève avant d'être sévèrement réprimés en novembre. A Berlin, les dadaïstes convertis à la Révolution s'emparent de la capitale allemande pendant six jours. 1919 marque un bouillonnement intellectuel exceptionnel. André Breton fonde la revue *Littérature*, Bertolt Brecht écrit ses premières pièces, Franz Kafka publie *La Colonie pénitentiaire*. A Hollywood, quatre employés, en rupture de ban avec les studios, Charles Chaplin, D.W. Griffith, Mary Pickford et Douglas Fairbanks, fondent la compagnie United Artists. Et pour la première fois le théâtre yiddish, autrefois réprimé, peut, sous l'impulsion des autorités soviétiques, se faire connaître hors des frontières de Pologne et de Russie.

Pourtant, à la seule échelle de Kovel et de la région de Volhynie, 1919 est une année maudite. Si la ville a été épargnée par les pogroms qui frappent les juifs de Russie dans les années 1880, puis en en 1905 et en 1906, la Première Guerre mondiale lance le signal inexorable de la disparition des juifs de Volhynie. L'occupation de Kovel en 1915 par les forces austro-hongroises se révèle désastreuse pour la population juive. Celle-ci voit sa nourriture rationnée, avant d'être exposée à de nombreuses épidémies et contrainte à des travaux forcés. La même année, des soldats russes se livrent à une série de pogroms en Volhynie. La situation se détériore un peu plus en 1918 lors des hostilités entre Ukrainiens et troupes bolcheviks. Des bandes armées tuent plusieurs milliers de juifs. Le départ de Waszynski se déroule dans ce contexte de tension extrême. Il est inévitable, pour des raisons à la fois personnelles et historiques.

Il est impossible de retracer précisément les circonstances de l'arrivée de Waszynski à Varsovie. Aucun document ne permet d'estimer ce qu'il fait entre 1919 et 1922, date à laquelle il apparaît pour la première fois au générique d'un film. Qui a pris en charge le jeune Michal Waks ? Où est-il allé à l'école ? Poursuit-il une éducation religieuse ?

La première photo connue de Waszynski se trouve dans l'annuaire du cinéma polonais de 1931. Le portrait est en noir et blanc, dans le style des photos du studio Harcourt. C'est aussi le seul cliché existant du réalisateur avant guerre. La beauté de Waszynski est frappante et son charisme évident : le regard fixe, le nez fin, les cheveux soignés et gominés, coiffés en arrière, une chemise blanche avec une cravate. Ce visage restera intact par la suite. Sur une photo, même en compagnie d'Anna Magnani, Claudia Cardinale, Audrey Hepburn ou Sophia Loren, Michal Waszynski concentre presque toute la lumière sur sa personne. On sait où se trouve la star, mais on ne peut détourner son regard du monarque toujours tiré à quatre épingles qui lui tient compagnie. Le visage gonflera, l'homme prendra quelques kilos, mais la sensation d'avoir affaire à un prince qui se balade en fiacre doté d'un visage sorti d'un conte de fées demeure. Trois lignes de commentaire en polonais, sous ce portrait, laissent deviner un tout autre parcours que celui que s'inventera Waszynski. Cette annotation stipule que « la révélation du cinéma polonais est parvenue en un temps record à passer de l'assistanat à la réalisation, et à s'extraire de la rue Mila pour s'installer rue de Pulaw ».

La rue Mila se situe dans l'un des quartiers les plus pauvres de Varsovie. Le dernier endroit où vivre sur terre, et le seul où un garçon perdu d'une petite ville de Volhynie pouvait éventuellement trouver refuge, chez un membre de sa famille vraisemblablement. On est à des années-lumière de l'éducation berlinoise, voire viennoise, que s'inventera Waszynski. L'un des rares témoignages sur les conditions de vie misérables de la rue Mila se trouve dans l'ouvrage d'un historien américain, Oscar Janowsky, intitulé *People at Bay*. Son compte-rendu est consternant : « Je n'oublierai jamais ma visite au 51 rue Mila, une vieille maison en bois à moitié en ruine au fond d'une arrière-cour. L'édifice était vraiment inhabitable, et pourtant plusieurs centaines de personnes y avaient leur "foyer" : dans des caves froides, noires et humides, ainsi que dans les étages qu'on pouvait seulement atteindre par un escalier vermoulu sur lequel on arrivait à peine à poser un pied. Les pièces étaient petites, mais le mobilier était généralement composé d'un lit, un petit poêle, deux chaises, une table de travail et une machine. Car la même pièce servait de cuisine, de buanderie, de chambre d'enfant et d'atelier ; la nuit, dix, douze êtres humains (et quelquefois davantage) de tout âge et des deux sexes devaient y dormir. »

La rue Mila se compose de vieilles maisons de brique de trois ou quatre étages, avec au rez-de-chaussée des boutiques partout. Des juifs par milliers déambulent sur les trottoirs des rues étroites et pavées. Au coin des rues, des groupes d'hommes barbus discutent d'une voix forte et avec de grands gestes. Nombre d'entre eux portent des caftans ou encore des bottes, des blouses et des casquettes de la campagne. Il y a des hommes en manteaux noirs qui leur pendent jusqu'aux chevilles, coiffés de chapeaux noirs. Il y a, beaucoup plus rarement, des hommes bien rasés en chapeaux melon et des femmes soignées qui ressemblent beaucoup aux Gentils de Varsovie. Le regard de Michal Waszynski sera constamment tendu vers eux.

Sa rencontre avec Wictor Bieganski constitue son ticket de sortie du ghetto. Waszynski ne pouvait trouver meilleur mentor que le réalisateur emblématique du cinéma muet en Pologne. Son talent est impossible à évaluer aujourd'hui, ses films ayant tous disparu. Bieganski, un ancien élève de Stanislavski, fait débuter Waszynski en 1922, dans un petit rôle d'instituteur de *Tragedia Zniesla Wionej* *, un mélodrame tourné à Cracovie qui sort le 5 septembre à Varsovie. Waszynski se retrouve par l'intermédiaire de Bieganski à fréquenter rapidement Aleksander Hertz, le patron de la Sfinks, la seule maison de production d'envergure en Pologne dans les années 1910, qui a connu son heure de gloire avec les deux grandes stars du cinéma muet polonais, Pola Negri et Mia Mara, expatriées depuis 1917. Waszynski devient l'homme à tout faire de

Bieganski. Il est tour à tour son grouillot, son assistant cameraman, son cuisinier, et son confident.

Bieganski est un homme très soupe au lait. Il est connu sur les plateaux pour son rythme de travail et son langage fleuri. Le premier jour de tournage de *Wampiry Warszawy* *, une des productions les plus ambitieuses du cinéma muet polonais, tournée en 1925, il annonce la couleur à l'équipe et aux acteurs : « Avec moi, on ne déjeune pas, on ne dîne pas. On peut boire, à la mi-journée, et si l'on a vraiment mal à la tête on a droit à un cachet d'aspirine. » A une époque où les heures supplémentaires n'existaient pas, ce négrier ignore les horaires de travail. Ce n'est pas du goût de tout le monde, mais Aleksander Hertz y trouve son compte. Un jour, sur le tournage particulièrement éprouvant des *Vampires de Varsovie*, Waszynski est venu au travail avec un réveil dans sa poche qui se mit à sonner en plein milieu d'une prise. « Oh, il doit être 22 heures », a seulement dit l'assistant réalisateur.

La carrière de Waszynski démarre lorsque celle de son mentor s'achève, comme si, dans un étrange pacte faustien, l'un devait s'effacer pour permettre à son disciple d'éclater au grand jour. Bieganski apparaîtra par la suite dans sept des quarante films réalisés par Waszynski entre 1929 et 1939, toujours dans des rôles secondaires. Waszynski se forge rapidement une réputation d'assistant fiable. Alors que le cinéma polonais traverse une crise grave dans les années 1920 – la Pologne n'a que quatre cents salles de cinéma, le chiffre le plus bas d'Europe de l'Est, les films américains écrasent le marché, la fréquentation est en chute libre –, Waszynski trouve le moyen de prospérer. Il devient l'assistant de Ryszard Ordynski sur *Mogila Nieznanego Zolnierza* * (1927), de Josef Lejtes sur *Huragan* * (1928), et de Henryk Szaro sur *Przedwiosnie* * (1928), trois films à caractère patriotique qui exaltent la lutte des Polonais contre les Russes et servent la propagande du chef de l'Etat polonais Józef Pilsudski, revenu au pouvoir en 1926 à la suite du coup d'Etat de mai.

Waszynski donnera par la suite une version bien différente de la première partie de sa carrière dans le curriculum vitæ adjoint à son dossier militaire quand il s'enrôle en 1941 dans l'armée du général Anders, le chef des forces polonaises en exil, dont les troupes circuleront au Proche-Orient avant de combattre en

Italie. Ce curriculum vitæ fait encore foi. Les rares notules consacrées à Waszynski dans les dictionnaires du cinéma assurent sans sourciller qu'il étudie le théâtre à Kiev en 1921, devient en 1922 à Berlin l'assistant de Friedrich Wilhelm Murnau, puis, à Moscou, entre 1923 et 1925, celui du metteur en scène de théâtre Yevgeny Vakhtangov. En fait, si l'on rajoute ses différents jobs à la même période d'assistant et d'homme à tout faire de Wiktor Bieganski, dont il n'est d'ailleurs jamais fait mention, il aurait fallu que Waszynski possède un don d'ubiquité pour valider un aussi édifiant parcours.

Il se trouve donc en 1922 à Kiev pour étudier le théâtre sous la direction de l'actrice Stanislawa Wysocka. La seule chose certaine est la présence de Stanislawa Wysocka dans plusieurs films réalisés par Waszynski dans les années 1930. En 1922 toujours, à l'âge de 18 ans, Waszynski devient l'assistant de Murnau sur *Nosferatu* et *Phantom*. Il serait retourné à Moscou entre 1923 et 1925 parfaire sa formation théâtrale avec Vakhtangov. Les collaborations de Waszynski avec Murnau sont invérifiables. Il est en revanche certain que son nom n'apparaît sur aucun générique d'un film mis en scène par le réalisateur allemand. Se prétendre l'assistant du réalisateur du *Dernier des hommes* était un mensonge à la mode avant guerre. Edgar Ulmer, un réalisateur viennois, connu pour plusieurs séries B géniales comme *Détour* ou *Le Bandit*, ainsi que pour une série de films yiddish réalisés aux Etats-Unis dans les années 1930, se fourvoiera également dans des mensonges du même acabit. Il aurait été lui aussi le collaborateur de Murnau à partir du *Dernier des hommes* en 1924 jusqu'à *Tabou*, son dernier film. Pourtant, la seule mention d'un Ulmer dans un film de Murnau est comme assistant du décorateur de *L'Aurore*. Mais Ulmer est un honnête homme, comparé à Waszynski. Ce dernier ne se privera pas plus tard de jouer avec un aplomb extraordinaire la carte Murnau. A Dorothea Bronston, l'épouse du producteur Samuel Bronston, Waszynski affirme au début des années 1960 : « J'étais le protégé de Murnau, et ce dès *Nosferatu*. Il m'a laissé une entière liberté sur ce film. Murnau l'a signé, mais mon influence se fait sentir sur bien des séquences. »

La présence de Waszynski aux côtés de Yevgeny Vakhtangov est tout aussi invraisemblable. S'il s'était vraiment trouvé à Moscou en 1924 et en 1925, Waszynski aurait été témoin d'un épisode qu'il aurait au moins relaté au moment de s'atteler en 1937 à la réalisation du *Dibbouk*. En 1920, Staline avait retiré ses subventions au théâtre Habimah, un théâtre juif fondé en 1917 par Nahum Zemach et David Vardi. Le théâtre Habimah se trouve alors rattaché au Théâtre d'Art de Moscou, dirigé par Vakhtangov. Ce dernier met en scène en janvier 1922 la première représentation du *Dibbouk*, la célèbre pièce de Shalom Anski. Waszynski aurait donc commencé à travailler sous les ordres de Vakhtangov deux ans après cette célèbre représentation. Comment se fait-il alors que le réalisateur polonais n'ait jamais fait valoir un tel fait d'armes au moment de la réalisation du *Dibbouk*? Comment expliquer aussi que la communauté juive de Varsovie soit venue chercher à sa grande surprise Waszynski sans qu'aucun des protagonistes du film, producteurs, scénaristes, comédiens, tous liés, à un degré ou un autre, à Shalom Anski, ait su que le jeune réalisateur avait travaillé avec Vakhtangov?

Quand il fait, en 1929, ses grands débuts derrière la caméra, Michal Waszynski n'a concrètement accompli que bien peu de choses. Pourtant, sa vie est si riche, son expérience à ce point hors normes – même si elle prend place dans une autre dimension –, qu'il a, en fait, vécu presque mille ans.

Wiktor Bieganski trouve à Waszynski son premier job de réalisateur en Hongrie, un mélo tourné à Budapest et à Vienne, intitulé *Kult Sciala* *, qui restera dans l'Histoire comme le premier film polonais enregistré sur disque. L'attente suscitée par les débuts de Waszynski derrière la caméra est énorme. Il est un assistant très estimé. Au point qu'un journaliste polonais est dépêché sur le tournage du film à Budapest. « Dès la première journée de tournage, écrit-il, Waszynski a déployé une impressionnante facilité. Il s'affirme comme un chef d'équipe exceptionnel, son autorité est naturelle. Il sait imposer sa volonté. Impeccablement habillé, on le croirait apprêté chaque matin pour une première à l'Opéra ; il suscite une admiration sans bornes chez son équipe qui a le sentiment d'avoir affaire à une nouvelle espèce d'artiste : le metteur en scène monarque. »

Cette supposée maîtrise ne masque pas la médiocrité du film. Ce mélodrame absurde sur un sculpteur à la recherche du modèle idéal, trouvé en la personne d'une superbe blonde qui se révèle être la fiancée du banquier de l'artiste, est d'une terrible ineptie. Tout est joué dès ce premier film. Jusqu'au *Dibbouk*, Waszynski ne progressera plus. Sa mise en scène est théâtrale. Il se contente de poser sa caméra dans les deux ou trois décors dont il dispose. Ses comédiens sont mauvais. Leur jeu, inspiré du vaudeville, côtoie la vulgarité. Le choix de ses sujets, comédies, mélodrames, films d'aventures coloniales, traduit un mauvais goût qui en fait rapidement le souffre-douleur favori de la critique polonaise. Les deux films tournés par Waszynski dans la foulée de *Kult Sciala* *, *Niebezpieczny romans* * et *Uwiedziona* *, deux mélodrames aujourd'hui disparus, adaptés de romans à l'eau de rose, soulèvent une levée de boucliers des critiques. Stefania Zahorska, le plus célèbre d'entre eux, écrit alors : « A quoi sert l'art cinématographique s'il se trouve entre les mains d'un pareil médiocre ? Waszynski est la honte du cinéma polonais. »

Personne n'apprécie Waszynski. Sauf le public. De plus il a un grand atout. Il tourne vite – il réalisera cinq films durant la seule année 1934 –, et à l'économie. Trois semaines de tournage constituent pour lui un grand maximum, et ses films rapportent beaucoup d'argent. Les quarante films qu'il réalise entre 1929 et 1939 sont tous de grands succès publics. Pendant dix ans, Waszynski va travailler pour des compagnies aussi différentes que la Sfinks, Leo-Films (fondé par Maria Hirszbein et Leo Landau), Blok-Muza-Film (Henryk et Leopold Gleisner et Emil Kac), Rex-Film (Jozef Rosen), Feniks (Felicja et Léon Fenigstein), toutes dirigées par des juifs, qui trouvent, à l'instar de leurs cousins qui fondèrent Hollywood, naturellement leur place dans l'industrie cinématographique. Ce secteur économique dont on perçoit mal en Pologne le potentiel, comme aux Etats-Unis une décennie plus tôt, attire une catégorie sociale et ethnique qui, ne possédant rien, n'a rien à perdre.

L'industrie cinématographique polonaise n'aura jamais de poids véritable, surtout en comparaison avec ses concurrents américains, allemands ou français. Au plus fort de sa croissance, en 1939, le cinéma polonais ne produira que trente-cinq films. C'est un nain économique, qui possède au moins le mérite de subvenir aux besoins des quelques acteurs du secteur.

Son nouveau statut de réalisateur à succès s'accompagne pour Waszynski d'un changement de domicile : fort des succès de ses quatre premiers films, il quitte en 1931 son appartement pouilleux de la rue Mila pour s'installer dans le quartier de Praga, dans une maison autrement plus luxueuse, dont il occupe le dernier étage. De manière surprenante, Waszynski reste dans le quartier juif de Varsovie. Bien que son lien à sa communauté soit de plus en plus ténu, il veut garder une fenêtre ouverte sur son peuple. Il ne le fréquente plus, mais tient encore à le voir quand il se lève le matin.

Waszynski commence à recevoir des cachets substantiels. Son train de vie traduit cette évolution : il détient voitures de course, chevaux de polo, valet de pied, et posséderait même une résidence secondaire. L'appartement de Waszynski est tapissé en vert et or. Il y a un lustre au plafond de chaque pièce. La salle de bains est en marbre de Carrare. Un valet est toujours là pour accueillir les visiteurs. Waszynski change souvent de valet. Ses visiteurs comprennent rapidement que cet employé de maison a aussi des relations intimes avec son patron. Le réalisateur polonais a voulu que son intérieur ressemble à celui des *Mille et Une Nuits*, bien qu'il ne possède qu'une vague idée de la décoration de la chambre de Shéhérazade. Au fil des succès et de l'argent amassé, Waszynski transforme sa demeure en palais. Les tapis persans commencent à envahir le salon, puis sa chambre à coucher. Il devient de notoriété publique qu'il faut toujours regarder où l'on marche avant d'entrer chez lui, sous peine de renverser un bibelot ou de glisser sur un des nouveaux tapis. Sur les plateaux, il tourne certes à l'économie, mais sa seule exigence, en dehors de son cachet, est de partir avec les accessoires des décors. Son intérieur connaît une nouvelle métamorphose après le tournage au Maroc en 1932 de *Glos Pustyni* *. Cette aventure coloniale met aux prises une improbable légion française qui parle polonais à des Marocains qui, par le plus grand des mystères, connaissent aussi le polonais. Les légionnaires sont de blanc vêtus, avec un turban sur la tête. Les Arabes les torturent sans ménagement, rétifs à la mission civilisatrice dont se prétendent porteurs leurs visiteurs. Une brève histoire d'amour entre un légionnaire et une femme arabe apporte une note sentimentale à ce mélodrame inepte.

Waszynski a mis à profit son voyage pour améliorer son intérieur. Celui-ci se retrouve envahi de poteries de toutes sortes, des lanternes sont accrochées sur chaque pan de mur. « Son appartement était devenu couleur loukoum », se souvient Zofia Wilczynska, une actrice formée au théâtre qui tournera en 1938 trois films sous la direction de Waszynski, *Ostatnia Brygada* *, *Rena* * et *Wloczegi* *. « On aurait dit un bonbon. Je crois qu'il y avait plus d'imagination dans son intérieur que dans ses films. Il avait ce truc bien à lui, cette éducation raffinée, tellement subtile que j'ai du mal à croire en ses origines juives. Les stars polonaises de l'époque, Eugeniusz Bodo, Ygo Sym, Adolf Dymsza, adoraient tourner avec lui pour ça. Il les traitait comme des sujets d'exception. Et puis Mischa avait cette allure hors du commun, ce visage magnifique dont se détachait chaque trait, son nez discret, une bouche pulpeuse, et cette voix tellement séduisante qu'on lui obéissait au doigt et à l'œil. Il se passionnait pour les vêtements. Il possédait deux douzaines de costumes, mais tous de serge bleue ou de laine peignée anthracite, il les portait avec des chaussures noires, des chemises blanches et des cravates dont les rayures en diagonale restaient toujours dans les tons bleus et gris. Il portait également des chapeaux Homburg. Il avait acheté le premier pour suivre l'exemple de Wiktor Bieganski et, depuis lors, il n'avait vu aucune raison de changer de couvre-chef. »

Il ne reste presque plus rien du quartier de Praga où résidait le réalisateur avant guerre. Pourtant, c'est le seul lieu de Varsovie où l'on prend la mesure d'une intense présence juive. Là aussi, beaucoup de traces ont été effacées. Constater ce néant, c'est une fois de plus prendre conscience de l'extinction aussi absolue du judaïsme polonais. C'est aussi, dans le cas particulier de Waszynski, réaliser plus nettement ce qui a été perdu, et comprendre les raisons de sa fuite en avant après la guerre, et la part raisonnée de sa mythomanie. Dans les années 1950, les communistes ont même détruit la synagogue de Praga, l'une des rares pourtant à avoir survécu à la guerre. Sur les quelque trois cents synagogues qui existaient à Varsovie avant guerre, il n'en subsiste plus qu'une seule. En lieu et place de la synagogue de Praga, il y a désormais une aire de jeux pour enfants. Il n'y a rien d'étonnant à ce que Roman Polanski ait tourné en grande partie à

Praga, dans la rue Petite, la rue de l'Acier et la rue Konopacka, *Le Pianiste* – d'après le livre de mémoires éponyme de Wladyslaw Szpilman, le pianiste juif qui a survécu au ghetto, à l'insurrection de la ville, et à sa destruction par les Allemands. « Malheureusement, la rue de Pulaw et l'avenue de l'Indépendance ont changé et sont méconnaissables, affirmait Polanski lors de la conférence de presse avant le début du tournage de son film. En ce qui concerne les scènes d'extérieur, nous tournerons seulement dans les faubourgs de Cracovie ainsi qu'à Praga. J'aurais aimé reconstruire tout ce que je me rappelle de la Varsovie de la guerre, où j'ai passé quelques semaines étant enfant. Je me souviens qu'elle ressemblait à Praga aujourd'hui : des rues grises, une circulation vive, des immeubles du début du siècle. » Sur la rive gauche de la Vistule, on peut trouver les rues fréquentées par Waszynski avant guerre : la rue Verte, où se trouvait le bâtiment de la radio polonaise, la rue des Semailles, la rue du Fer, la rue des Carmélites, la rue de Nowolipie. Mais tout a changé d'aspect, il n'y a plus, et pour cause, la moindre trace des gens qui habitaient le quartier.

Plus tard, une fois parti de Pologne, installé

dans son palais romain dans les années 1950, Waszynski, devenu grand collectionneur d'art cultuel, avait consacré une pièce entière à Varsovie, surnommée « la Petite Pologne ». A l'intérieur, tout un bric-à-brac : des médailles, son uniforme de guerre, un pistolet rouillé, des livres en hébreu, d'autres en yiddish, une mezouza, des affiches des années 1930, des tasses en porcelaine. Personne n'avait vraiment le droit d'y entrer. Mais il ne se serait jamais trouvé grand monde pour en franchir le seuil. A ce stade de l'Histoire, c'est tout ce qui restait de la Varsovie juive : des livres poussiéreux, des assiettes ébréchées, des livres écrits dans une langue en voie d'extinction, le yiddish, et que Waszynski n'osait plus parler. Les objets et les livres ont été jetés à la poubelle après sa mort, confiés à une entreprise de déménagement qui y a vu les vulgaires artefacts d'une personne âgée. Il est des secrets qu'on emporte dans sa tombe. Celui-là, Waszynski n'a même pas voulu l'emporter de l'autre côté de la rive.

2

Waszynski devient un autre

Après le triomphe en 1936 de deux navrantes comédies, *30 Karatow Szczescia** et *Bolek et Lolek**, et d'un mélodrame, *Bedzie Lepiej**, tourné avec des chanteurs de la chorale de Kovel, sa ville natale, Michal Waszynski règne désormais en monarque tout-puissant sur le petit monde du cinéma polonais. Il encaisse sans broncher les attaques des critiques prompts à souligner la vulgarité de son cinéma. L'un d'eux trouve quand même une qualité à *30 Karatow Szczescia** : « Au moins Waszynski ne fait pas dans l'humour juif, c'est déjà ça. »

Le succès de ce fim relève de la mystification. Son scénario, d'une rare idiotie, raconte comment un malheureux chômeur parvient à grimper les échelons d'une grande entreprise grâce à un gorille ramené d'Afrique. Une longue séquence de valse entre l'acteur, Adolf Dymsza, la star du burlesque polonais d'avant guerre, et le gorille, devant la haute société polonaise se révèle le point d'orgue de cette comédie sans intérêt. Pour supporter un tel film aujourd'hui, il faudrait être attaché de force à son siège. Pourtant, les spectateurs polonais s'y rendent sans contrainte, et restent dans la salle pour applaudir à tout rompre. Waszynski a sans doute trouvé un moyen commode d'améliorer la décoration de sa luxueuse demeure avec cette comédie. Les intérieurs du film, superbes, avec des lustres en verre de Murano et des statues en marbre de Carrare, ont dû trouver leur place dans l'appartement du réalisateur qui s'est découvert une passion pour les chaussures en crocodile, qu'il met un point d'honneur à porter chaque jour, même durant les tournages.

A ce stade de sa carrière Michal Waszynski a fait de la bêtise son fonds de commerce : gorille pétomane, acteur simiesque, seconds rôles mal dirigés. Le cinéma l'intéresse-t-il seulement ? Il trône la journée au café Ziemianska, lieu de rendez-vous du cinéma polonais, situé dans le centre de Varsovie. Il assume désormais ouvertement son homosexualité, exhibe son nouveau petit ami, fait des blagues, dépense son argent sans compter. Michal Waszynski joue à l'artiste, mais il se moque de son œuvre.

Il s'est aussi offert une résidence secondaire à Swider, une cité balnéaire située à une vingtaine de kilomètres de Varsovie, fréquentée par de nombreux juifs. Son air pur, l'odeur prononcée des pins en font un lieu de repos idéal. Durant l'été, la cité s'anime avec les milliers d'enfants juifs venus en colonies de vacances. La ville est fréquentée par de nombreux intellectuels juifs. Le romancier Israël Joshua Singer passe beaucoup de temps en ville. Son frère, Isaac Bashevis Singer, l'y rejoint régulièrement.

Waszynski n'a rien à voir avec cette fratrie. Pas encore. Mais il ne peut, comme à Varsovie, s'empêcher de rôder autour de sa communauté d'origine, de sa frange la plus sophistiquée en tout cas, celle qui parvient à concilier la tradition juive avec le monde séculier. Il poursuit sa vie de rêve à Swider, en compagnie de ses amis du moment. Hiver comme été, il se balade en costume trois pièces ; il s'est même adjoint une canne qu'il fait tourner dans sa main. Des passants l'arrêtent parfois dans la rue pour saluer le roi du comique troupier polonais.

Depuis le triomphe de *30 Karatow Szczescia* *, le visage de Waszynski, dessiné au fusain, apparaît au début des génériques de ses films. Sa figure s'est arrondie avec les ans, mais son regard conserve la même profondeur. Son intensité est dérangeante, en totale inadéquation avec les films présentés. Avec le recul, elle envoie un signal lisible : cet homme n'a toujours pas trouvé sa place dans la vie.

Un grain de sable va déranger la machine jusque-là parfaitement huilée du réalisateur qui tourne toujours au rythme de cinq films par an. Waszynski s'est retrouvé dans la position inconfortable de devoir démentir quelques mois plus tôt la paternité d'une comédie, *Nie Miala Baba Klopotu* (Grand-mère n'a rien à craindre), dont l'affiche lui attribue, à tort, la mise en scène. « Ce film est si nul que seul Michal Waszynski est capable de le réaliser », affirme alors un critique. *Nie Miala Baba Klopotu* a en fait été réalisé par Aleksander Ford, le plus grand metteur en scène polonais d'avant guerre, qui venait de terminer l'année précédente, en Palestine mandataire, le tournage de *Sabra*, récit héroïque d'immigrants juifs venus s'installer en Israël au moment de la déclaration Balfour en 1917.

L'affaire en reste là. Elle distille un poison dont Waszynski ne trouvera jamais l'antidote. Pour la première fois, on le prend pour un autre. « Mischa est sorti perturbé de cette affaire, affirme Zofia Wilczynska. Il n'allait pas bien après cette histoire. Sa bonne humeur n'était plus la même. Il y avait toujours ses frasques, mais désormais toujours avec un sens de la gravité. Cela rend son engagement sur *Le Dibbouk* encore plus ironique. Les juifs n'ont pas trouvé mieux que de confier cette histoire de possession dans un *shtetl* à un réalisateur en proie à de sérieux problèmes d'identité. »

Dans la Pologne des années 1930, Waszynski est le seul réalisateur capable de garantir un succès. Celui-ci fuit depuis longtemps la Feniks, l'une des principales maisons de production polonaises, dirigée par Léon Fenigstein et sa nouvelle femme, la pittoresque Maria Hilszwerg. En réalité, c'est elle qui gère l'entreprise. C'est une femme à la taille forte, aux longs cheveux bruns et sans aucun savoir-vivre. L'immense sac qu'elle porte en permanence contient les billets destinés à payer l'équipe. Sa nervosité, dès qu'un metteur en scène effectue plus de deux prises sur le plateau, est devenue légendaire. Cette manière forte n'a pu empêcher sa compagnie de sombrer dans la faillite au début de l'année 1937. La Feniks affiche une dette considérable de 280 000 zlotys – le budget moyen d'un film en Pologne était de 40 000 zlotys – et s'apprête à déposer le bilan quand son patron a une idée de génie pour convaincre les banques de lui accorder un nouveau crédit. En présentant deux scénarios au potentiel commercial prometteur : *Le Dibbouk*, adapté de la pièce éponyme de Shalom Anski, l'un des fleurons du répertoire yiddish, et *Znachor* *, avec la garantie que Michal Waszynski en assurera la réalisation, Léon Fenigstein négocie un nouveau prêt de 100 000 zlotys.

La Feniks veut un réalisateur juif pour *Le Dibbouk*. Fenigstein contacte dans un premier temps Ernst Lubitsch. « La touche Lubitsch ne convient pas à ce projet », répond le réalisateur viennois. Léon Fenigstein se tourne alors vers le « Lubitsch polonais », Michal Waszynski, sans se douter qu'il vient de mettre la main sur l'homme providentiel, le seul capable de trouver dans la pièce d'Anski des résonances intimes. « Mischa devait bien avoir des grands-parents juifs pour atterrir sur une production pareille, explique Zofia Wilczynska. Ce sont des choses qui arrivent d'avoir de la famille juive. Et puis, Mischa savait y faire. Il était le réalisateur le plus connu, il avait l'habitude de tourner avec les stars, il travaillait à toute vitesse. *Le Dibbouk* était un projet prestigieux. Les juifs ont voulu lui adjoindre un réalisateur de renom. »

Les ambitions de Léon Fenigstein pour *Le Dibbouk* sont immenses. Il s'agira du seul film yiddish d'importance produit par une maison d'envergure. La première et seule superproduction de la courte histoire de ce cinéma, qui fera dire plus tard à Leon Liebgold, l'un des comédiens du *Dibbouk*, que « l'argent n'était pas un problème sur le tournage ».

En règle générale, le cinéma yiddish était financé par des maisons plus modestes comme la Goskind Films, dirigée par les frères Goskind, ou la Green-Film, fondée par le comédien et réalisateur Joseph Green, qui avait fait ses armes auparavant avec la troupe de Vilna et le Jewish Art Theater à New York.

A partir de 1936, le cinéma yiddish peut

envisager un avenir très différent et sortir de son ghetto. J.M. Neuman, le correspondant à Varsovie du journal américain *Menorah Journal*, évoque dans le numéro d'automne 1936 une nouvelle « *Kulturdrang* juive ». Cette révolution culturelle se caractérise selon lui par « un retour à la vie juive et l'abandon de l'assimilation » et « la poursuite passionnée des valeurs culturelles juives ». Neuman pointe aussi le renouveau du cinéma yiddish, avec plusieurs projets en préparation.

En 1936 toujours, le gouvernement polonais décide de relancer la production cinématographique. Il diminue la taxe qui était d'auparavant 33 % sur les billets de cinéma pour les films polonais, et l'augmente pour les films étrangers. Cette baisse crée un appel d'air inespéré pour la production de films yiddish.

Aucun film yiddish n'a été produit en Pologne depuis 1928 et *In Poylishe Velder* (Dans la forêt de Pologne) de Jonas Turkow. Les trois premiers films yiddish polonais parlants sont produits en 1936, puis trois autres en 1937, dont *Le Dibbouk*, et enfin trois en 1938. Ces films sont mis en scène par les figures établies de l'industrie cinématographique polonaise, toutes juives, Henryk Szaro (Szapiro), Aleksander Ford (Moyshe Lifszyk), Leon Trystan, Konrad Tom, Léon Jeannot (Lejbele Katz) et Michal Waszynski. Ces hommes se connaissent. Waszynski a été l'assistant de Szaro en 1928. Konrad Tom a déjà signé les scénarios de quatre longs métrages de Waszynski. Ces deux hommes feront plus tard partie du même corps d'armée pendant la guerre et coréaliseront un documentaire au Proche-Orient. Leon Trystan écrira plus tard, en 1938, le scénario de *Serce Matki* *, l'un des plus gros succès de Waszynski. Ce dernier avait déjà été contacté en 1936 pour réaliser une comédie musicale en yiddish avec la vedette américaine Molly Picon. Une offre rejetée après la lecture d'un scénario trop superficiel à ses yeux. Waszynski préférait alors filmer un gorille dansant la valse dans une salle de bal.

A l'instar du théâtre yiddish dont producteurs, réalisateurs et acteurs étaient presque tous issus, le cinéma yiddish était aussi une production artisanale. Les couples à l'écran l'étaient aussi dans la vie : le metteur en scène Jacob Kalich et l'actrice Molly Picon; le réalisateur Zygmunt Turkow et la comédienne Ida Kaminska; Leon Liebgold et Lili Liliana, le couple vedette du *Dibbouk*; Henekh Kon et Judith Berg, respectivement compositeur et chorégraphe du film. Dans cette fratrie, Michal Waszynski avait une place toute désignée. Juif assimilé et dandy homosexuel, cinéaste commercial a priori étranger aux enjeux de l'intelligentsia juive, il était l'idiot de la famille.

Le Dibbouk, nous l'avons dit, est à l'origine une pièce de Shalom Anski, le plus grand succès de l'histoire du théâtre yiddish, qui aura contribué, plus que n'importe quelle œuvre, à sortir la culture juive d'Europe centrale des frontières de sa communauté. Shalom Anski, de son vrai nom Shloyme-Zanvel Rappoport, est né en 1863. Son père était aubergiste à Vitebsk, une ville de Lituanie avec une importante population juive dont est issu Marc Chagall. Anski avait l'âge d'être le père de Chagall, ce qu'il est à sa manière, sur un plan spirituel. Vitebsk se situait au croisement de deux traditions juives : le courant orthodoxe traditionnel et le hassidisme. Anski se trouve au milieu d'un champ de forces qui s'apprête à bouleverser le judaïsme européen et va le conduire à populariser l'expérience spécifique de l'orthodoxie, à sortir du ghetto l'expérience juive pour la rendre universelle. *Le Dibbouk* de Waszynski deviendra incidemment l'un des moments clés de cette ouverture sur le monde.

Malgré une éducation religieuse, Anski se détache rapidement du monde orthodoxe. Il devient d'abord journaliste dans la presse yiddish puis, attiré par le socialisme, travaille plusieurs années dans une ferme. Son éloignement du judaïsme est tel qu'il songe sérieusement à se convertir au christianisme. Il se montre très sensible au mouvement impulsé en 1891 par l'historien Simon Doubnov, qui rédige une brochure en russe, *De l'étude de l'histoire des juifs russes*, et une autre en hébreu, *Cherchons et enquêtons*. Selon Doubnov, les juifs n'ont jamais pris conscience de leur réalité en tant qu'entité historique. Ils ont consigné les débats philosophiques et théologiques à travers les siècles, mais sans jamais répertorier leurs récits ni leurs chansons. Ils ignorent tout de la manière dont leur peuple vivait en d'autres temps. Anski comprend immédiatement comment les technologies modernes, caméras et magnétophone, pourront l'aider dans son travail de sauvegarde d'une culture et d'une mémoire. Le cinéma pour lui n'est pas seulement un instrument destiné à amuser les foules dans les fêtes foraines. C'est également, on l'a vu, un médium de préservation. David Roskies note, dans l'édition américaine des *Ecrits* d'Anski, que le folklore juif constitue pour l'écrivain une nouvelle Torah, une « Torah pour les masses ». Les textes et les artefacts ont valeur de trésor, mis à la disposition des artistes juifs, dont la mission sera de les moderniser puis de les populariser.

Entre 1912 et 1914, Anski voyage pour le compte de la Société juive ethnographique et historique de Saint-Pétersbourg. Il arpente, assisté de quatre collègues, les hameaux de Podolie et de Volhynie en Ukraine, région d'où est originaire Michal Waszynski. Il est d'ailleurs probable que Waszynski enfant ait, sans le savoir, croisé Anski. En Volhynie, Anski va recueillir ce que l'un de ses assistants, Abraham Rekhtman, nomme « les joyaux inestimables d'un magnifique folklore ». Anski établit un questionnaire de plus de deux mille entrées couvrant le cycle complet de l'existence juive, depuis la conception jusqu'à la mort. Rekhtman se souvient : « Nous parcourions les régions les plus retirées de l'Ukraine, rassemblant en tous lieux les trésors qui subsistaient du passé ; consignant histoires, légendes, événements historiques, sorts, envoûtements, remèdes, les histoires de *dibboukim* (démons, esprits malins), les chansons, les proverbes, les maximes, les dictons ; gravant des disques sur phonographe : vieilles mélodies, prières et chansons populaires ; photographiant les vieilles synagogues, les lieux historiques, les tombes, les maisons de prière des *Tsaddikim* (hommes exceptionnellement pieux et croyants ; le terme désigne aussi des rabbins hassidiques), des scènes rituelles de toutes sortes ; récupérant et achetant des objets anciens, des documents, des registres communaux, des objets cérémoniels, des bijoux, des vêtements et toutes sortes d'antiquités juives. » La première trace écrite d'un récit évoquant un *dibbouk*, un démon qui envahit les vivants, remonte au début du XVIIe siècle. Le matériel collecté par Anski fournira l'essentiel des collections du Musée ethnographique juif de Petrograd lors de son ouverture en 1916.

Anski compile son matériel ethnologique sous forme dramatique et rédige en 1914 une première version du *Dibbouk*, qu'il propose au Théâtre d'Art de Moscou de mettre en scène. Constantin Stanislavski refuse, non sans avoir lu et annoté la pièce. Il propose que soit ajouté dans le texte un personnage de Messager qui remplit la fonction du chœur dans la tragédie grecque et tient le rôle symbolique d'un prophète, placé entre la terre et le ciel. *Le Dibbouk* raconte l'histoire d'une jeune fille sur le point d'être mariée et possédée par un dibbouk, l'esprit d'un amoureux défunt (dibbouk signifie « attachement » ; on pensait que l'esprit des morts pouvait s'attacher aux vivants). Situé dans un monde disparu, au milieu du XIXe siècle, dans le ghetto juif de Brainitz – un petit bourg du sud-est de l'Empire russe, situé entre la Pologne et la Lituanie –, *Le Dibbouk* met en scène la plus vieille histoire du monde : l'union de deux amants contrariée par les conventions sociales. Bien que fiancés avant leur naissance, Khonnen et Leah grandissent sans se rencontrer. Lorsque Khonnen, un étudiant de *yeshiva* sans le sou, débarque à Brainitz, Leah est irrésistiblement attirée par ce jeune homme qui reconnaît lui aussi en elle sa promise. Mais le père de Leah, Sender, préfère marier sa fille à un jeune plus fortuné. Khonnen utilise sa connaissance de la kabbale pour remettre en cause cette décision et insulte le nom de Dieu au passage. Cette transgression cause sa perte, mais l'esprit de Khonnen envahit Leah au moment où elle est fiancée au jeune homme dont elle n'a que faire.

Le sous-titre du *Dibbouk* est en soi au moins aussi important : *Tsvishn Tsvey Veltn* (*Entre deux mondes*). De même que la femme hantée vit entre deux mondes, celui des vivants et celui des morts, Anski oscille entre le présent de la politique moderne et le passé mythique du yiddish. Une démarche caractéristique du judaïsme d'Europe de l'Est au début du XXe siècle, partagé entre la préservation de ses traditions et l'attrait de la modernité.

Après avoir essuyé le refus du Théâtre d'Art de Moscou, Anski se tourne vers le théâtre hébraïque Habima, subventionné par le nouveau régime soviétique. Enthousiasmés par la pièce d'Anski, les deux fondateurs de la compagnie, Nahum Zemach et David Vardi, parviennent à convaincre le poète Haïm Nahman Bialik de traduire *Le Dibbouk* du russe en hébreu.

Lorsque Lénine arrive au pouvoir en 1918, Anski parvient à s'enfuir, déguisé en prêtre, à Vilna, en Lituanie, alors occupée par les troupes allemandes. Le manuscrit du *Dibbouk* se perd dans la confusion. La traduction hébraïque de Bialik sert alors de base à une traduction, en yiddish, destinée à devenir, malgré ses origines russes et hébraïques, un des classiques de cette langue. *Le Dibbouk* est publié en 1919 à Vilna. D'après les mémoires de l'acteur Avrom Morewski, qui tient le rôle du *Tsaddik* dans la production originale de la pièce, et le reprendra plus tard dans le film de Michal Waszynski, la pièce ne rencontre aucun écho lorsque son auteur la lit pour la première fois devant un parterre d'écrivains et de comédiens. Mortifié par cet accueil glacial, Anski cherchera pendant des années, sans succès, à la monter. Il meurt durant l'automne 1920, à Varsovie. Il a 57 ans.

Le Dibbouk est monté pour la première fois le 9 décembre 1920 par la troupe de Vilna, qui réalise ainsi la promesse faite par l'un de ses membres le jour de l'enterrement d'Anski. Lancé en toute discrétion, *Le Dibbouk* suscite un engouement sans précédent à Varsovie. Les juifs orthodoxes et les hassidim se rendent en masse aux représentations de la pièce. Ils ne sont pas les seuls. Plusieurs témoignages de l'époque rapportent que les conducteurs de tramways, en s'approchant du théâtre Elizeum sur Karowa Street dans le centre de Varsovie, ne prononçaient plus le nom de la rue mais hurlaient à la place « An-ski ! » ou « Arrêt *Dibbouk* ». « *Le Dibbouk*, affirme Luba Kadison, un membre de la troupe de Vilna, marque une nouvelle ère pour le théâtre yiddish. Nous nous adressons aussi désormais aux non-juifs. »

Le Dibbouk tient pendant deux ans l'affiche à Varsovie. La pièce est plus tard mise en scène dans toute l'Europe. Aux Pays-Bas la reine Wihelmine assiste à une représentation. La municipalité de Bruxelles décide d'installer un éclairage exceptionnel dans la gare pour saluer l'arrivée de la troupe de Vilna. Le ministre belge de l'Education fait partie du comité d'accueil. La pièce est mise en scène à New York en septembre 1921, puis quatre mois plus tard à Moscou en hébreu. La troupe Habima, désormais rattachée au Théâtre d'Art de Moscou, placé sous la direction du protégé de Stanislavski, Yevgeny Vakhtangov, parvenait enfin à monter la pièce d'Anski en Union soviétique. D'origine arménienne, ne possédant aucune connaissance de l'hébreu, Vakhtangov – sous la direction duquel Waszynski prétend avoir étudié la mise en scène – livre une vision marxiste de la pièce où les rapports de classe entre pauvres et nantis sont mis en exergue. Les célèbres costumes et décors du peintre Nathan Altman mêlent le folklore juif et le cubo-futurisme russe et donnent son identité visuelle à la mise en scène de Vakhtangov dont on retrouvera l'influence sur le travail de Waszynski.

Le succès de la pièce d'Anski tient à deux raisons. *Le Dibbouk* magnifie l'existence d'un patrimoine culturel juif au moment où les communautés juives d'Europe centrale envisagent désormais leur devenir hors du ghetto et aspirent à devenir une nation à part entière. Cette revendication passe par l'élaboration d'un théâtre et d'un cinéma, spécifiquement juifs, dont le folklore est suffisamment éloigné dans le temps pour s'attirer les faveurs d'un public non juif. En esthétisant l'univers du hassidisme, *Le Dibbouk* pose les bases d'un nouvel art juif.

Les photographies de la première représentation du *Dibbouk* à Varsovie en 1921 ne laissent aucun doute sur l'inspiration expressionniste. *Le Cabinet du docteur Caligari* de Robert Wiene est sorti la même année sur les écrans allemands. Cette influence expressionniste sert de passerelle au folklore juif qui peut se projeter sur l'extérieur.

Lorsqu'ils décident, en partenariat avec les

patrons de la maison de production Feniks, de se lancer dans une version filmée du *Dibbouk*, ses deux producteurs, Zygfryd Mayflauer et Ludwig Prywes, dont l'oncle était le mécène de la production originale de la pièce, savent qu'ils possèdent un matériau exceptionnel entre les mains. Mayflauer et Prywes veulent imposer un nouveau style gothique juif, un surnaturel hassidique capable de toucher le grand public.

Avant de faire signer Waszynski, les deux producteurs engagent pour l'adaptation du *Dibbouk* Andrzej Marek (de son vrai nom Marek Arnshteyn), un auteur de théâtre, et Alter Kacyzne, l'exécuteur testamentaire de Shalom Anski, critique de cinéma pour le journal yiddish *Literarishe Bleter*. L'historien Meyer Balaban rejoint l'équipe du film au titre de consultant. Henekh Kon compose la musique originale. « Je n'ai jamais mis de toute ma vie autant de dévotion dans un travail », confie-t-il alors au *Literarishe Bleter*.

Dina Halpern, qui interprète la tante de Leah dans le film, raconte que les comédiens furent choisis parmi plusieurs troupes de théâtre yiddish : « La plupart d'entre nous étaient des vétérans de la scène yiddish. Tous ceux impliqués dans la production le ressentaient comme un grand honneur, même les figurants... C'était bien plus qu'un simple travail. » Leon Liebgold et Lili Liliana, un jeune couple issu de la compagnie théâtrale Yidishe Bande, sont choisis pour incarner les amants maudits Khonnen et Leah. Liliana venait d'interpréter Leah à la scène dans une représentation à Riga, où Liebgold incarnait le messager venu d'en haut. « Sur scène, raconte Leon Liebgold, il fallait avoir un jeu plus marqué. L'idéal pour un film comme *Le Dibbouk* était de rester le plus naturel possible, de jouer de l'intérieur. » Avrom Morevsky reprend le rôle du *Tsaddik* qu'il tenait lors de la création originale de la pièce. Isaac Samberg, alors cantonné dans les rôles de gangsters à l'écran, et leader du syndicat des artistes juifs, interprète le rôle du messager.

Waszynski s'autorise plusieurs licences par rapport à la pièce d'Anski. Il écrit un rôle pour le célèbre comédien Max Bozyk, tandis que Lili Liliana se voit offrir la possibilité de chanter dans le film. On peut aussi entendre longuement dans la séquence de la cérémonie de *Souccot* (fête dite des Tentes, associée à l'errance des israélites dans le désert où pendant quarante ans ils vécurent dans des tentes sur le chemin de la Terre promise) le célèbre chantre Gershon Sirota. Lorsque Caruso entendit Gershon Sirota interpréter *Celeste Aïda* il remercia le ciel et se félicita d'apprendre que ce chantre n'emploierait son don qu'à des fins liturgiques.

La thèse d'un Waszynski, simple faire-valoir d'un projet dont il devait juste assurer la mise en images, ne tient pas la route. Une fois engagé, le metteur en scène polonais amène avec lui ses collaborateurs habituels : le directeur de la photo Albert Wywerka ; les décorateurs Stefan Norris et Jacek Rotmil à qui l'on doit cette vision d'un *shtetl* expressionniste ; l'écrivain scénariste Anatol Stern, crédité au générique du film au titre de consultant pour l'histoire. Waszynski mystifie les participants historiques du *Dibbouk*. Alter Kacyzne et Meyer Balaban sont déconcertés de voir l'homme considéré comme un figurant de luxe prendre avec autorité les rênes de leur projet et afficher une connaissance impressionnante de l'histoire et du folklore juifs.

La lecture du scénario du *Dibbouk* produit l'effet d'un véritable électrochoc sur Waszynski. Dans un portrait du réalisateur publié en

1937, paru dans le journal de Cracovie *Nowy Dziennik* juste avant le tournage du film, le journaliste M. Kanfer décrit un homme d'abord réticent puis envoûté par ce projet : « Il n'en voyait pas l'objet, puis il a lu la pièce et a tout de suite été bouleversé par son mysticisme. La perspective de créer un film juif aussi typique représentait une tentation trop forte pour lui, voire irrésistible. Il est tombé dans un milieu de passionnés, et il était fasciné par la dimension mystérieuse de la pièce d'Anski. » John Drake Moore, le décorateur des productions Bronston, du *Roi des rois* * (1961) à *La Chute de l'Empire romain* * (1964), se souvient d'un Waszynski hanté par *Le Dibbouk* : « C'était toujours le problème avec Mischa. Il parlait peu, et rarement pour dire la vérité. Un jour, il s'est quand même laissé aller à me dire que *Le Dibbouk* était la chose dont il était le plus fier. Il y tenait vraiment, comme à un bijou précieux. J'ai mis du temps à comprendre pourquoi. *Le Dibbouk* parle d'une âme possédée. Et c'est comme si Mischa avait été possédé à ce moment-là. Il reconnaissait que depuis ce film il n'était plus le même. »

Sous la houlette de Waszynski, *Le Dibbouk* d'Anski subit une véritable métamorphose. A la suite de son expédition ethnographique, l'écrivain entrevoyait l'aube d'une culture juive ouverte sur le monde, prête à entrer dans un nouvel âge d'or. Michal Waszynski envisage, en parfaite résonance avec l'époque tumultueuse traversée par la Pologne, le crépuscule de cette même culture.

Dans son film situé, comme la pièce d'Anski, au XIXe siècle en Pologne, deux amis d'enfance, Sender et Nisson, habitent désormais dans des régions éloignées. Pour rester liés, ils font le serment de marier leurs enfants qui ne sont pas encore nés. Sender est bientôt père d'une petite fille, Leah, dont la mère meurt en la mettant au monde. Nisson, quant à lui, se noie au cours de la traversée d'un lac au moment même où sa femme accouche d'un garçon, Khonnen. A dix-huit ans, Khonnen va faire ses études religieuses à Brinitz, la ville de Sender. Logé chez ce dernier le vendredi soir pour *shabbat*, Khonnen tombe amoureux de Leah à laquelle Sender a déjà trouvé un riche fiancé. Grâce à un chant que Khonnen a appris à Leah, Sender découvre que le jeune homme est le fils de son ami Nisson. Très préoccupé par l'argent, Sender ne rompt pas le mariage en cours. La suite est conforme au

Dibbouk imaginé par Anski. Khonnen invoque par désespoir Satan, en utilisant les forces les plus obscures de la kabbale. Il meurt foudroyé dans la synagogue. Avant son mariage, Leah se rend sur sa tombe. Il s'incarne alors en elle, sous la forme d'un dibbouk, esprit errant qui trouve refuge dans le corps, et qui causera la mort de Leah.

Michal Waszynski apporte au *Dibbouk* un sens de l'inévitable encore plus poignant. Cette remarque prononcée au début du film par un fidèle à la synagogue lors de la cérémonie de *Souccot*, « Il faut éviter de faire des projets d'avenir », porte le sceau de la prophétie. Tout comme cette terrible phrase prononcée par le démon une fois qu'il s'est emparé du corps de Leah : « Toutes les routes sont barrées pour moi, chaque porte est fermée. Je ne sais plus qui je suis. Il n'y aura plus que toi pour se souvenir de moi. » La séquence bouleversante où Leah visite la tombe de sa mère la veille de son mariage – dans un village qui ressemble lui-même à un gigantesque cimetière – pour découvrir une autre sépulture, celle d'un couple assassiné sous la *khupa* (voile rituel sous l'ombre duquel se déroule un mariage juif) deux cents ans plus tôt par les cosaques, renvoie explicitement à la Pologne de 1937. Waszynski tire le plus grand parti de ce contexte dramatique. Si à l'écran son *shtetl* baigne dans un mysticisme flagrant, on comprend rapidement que le voile de Dieu s'est retiré de ce monde magique. Waszynski s'intéresse autant à la dimension spirituelle de cette communauté qu'à son aspect tribal. Anski considérait le *shtetl* comme un écrin à préserver afin de mieux l'inscrire dans les mémoires. Waszynski lui adjoint une dimension plus tragique. Il ne s'agit plus pour lui de préserver une mémoire mais de voir comment, et par quel miracle, une culture et un peuple pourront échapper à l'anéantissement.

En novembre 1936, le héros de guerre Edward Rydz-Smigly accepte de prendre la succession du général Pilsudski, et forme un nouveau gouvernement. Le dernier avant l'invasion allemande en 1939. La Pologne bascule progressivement vers le fascisme. La haine à l'encontre du voisin soviétique encourage le pays à développer ses relations avec le gouvernement nazi en Allemagne. Rydz-Smigly forme un nouveau mouvement, le Camp de l'unité nationale. L'armée et l'Eglise deviennent les deux piliers de la nation, et les juifs une obsession nationale. Pour une partie significative de la presse polonaise, la « question juive » est prioritaire. Beaucoup de Polonais croient que la solution à tous leurs problèmes se trouve dans un exode massif des juifs. La Pologne dépose une demande auprès de la Société des Nations pour obtenir l'autorisation d'expulser sa population juive à Madagascar. Le gouvernement polonais suit les consignes de l'Eglise, prompte à boycotter les commerces juifs. Ce boycott provoque une misère sans précédent au sein de la communauté juive. A la veille de l'invasion allemande en 1939, on estimait que 40 % de la population juive en Pologne, soit environ 1,2 million de personnes, avaient besoin de l'aide d'organisations charitables, dont la plus efficace reste le Joint américain qui collabore avec les œuvres locales. Les brutalités contre les juifs deviennent monnaie courante, le gouvernement impose des restrictions sur l'abattage rituel comme sur le nombre de représentations dans les théâtres juifs. Ces mesures créent des secousses irréparables au sein de la communauté. Déjà, on parle de la génération des années 1930 comme d'une jeunesse sans avenir.

Historiquement, le cinéma yiddish s'est réfugié dans l'intime et la famille. Il se montre peu concerné par les rapports entre les juifs et le monde extérieur, mythifiant le microcosme du *shtetl* pour magnifier les campagnes polonaises ou russes, filmées d'ailleurs le plus souvent dans le New Jersey, à quelques kilomètres de New York. *Le Dibbouk* est exempt d'un tel autisme. Le sous-titre de la pièce d'Anski, *Entre deux mondes*, qui servira pour tellement de commentateurs de métaphore au cinéma yiddish, écartelé entre la modernité et le classicisme, la religion et la laïcité, le nouveau et l'ancien monde, le rêve et la réalité, trouve une nouvelle illustration, autrement plus dramatique. Décidé à regarder les choses en face, Michal Waszynski n'entrevoit plus qu'un seul lieu pour le cinéma yiddish : l'Enfer.

Le tournage du *Dibbouk* débute à la fin du printemps 1937 aux Studios Feniks. Ironie du sort, au même moment le gouvernement allemand prépare son « exposition politique » *Der ewige Jude* (Le Péril juif), inaugurée en novembre de la même année et qui voyagera dans tout le Reich jusqu'au début de la guerre. Selon l'actrice Dina Halpern, le studio de tournage était situé dans l'un des quartiers les plus antisémites de Varsovie : « Les figurants juifs, jeunes et âgés, devaient quitter le studio à toute vitesse en fin de journée pour échapper aux voyous qui les attendaient avec des couteaux. » La maîtrise de Waszynski impressionne toute l'équipe. Leon Liebgold parle d'un réalisateur « au sommet de son art ». Henekh Kon, dans un entretien au *Literarishe Bleter*, se montre encore plus impressionné : « J'ai travaillé avec différents metteurs en scène, aussi bien au cinéma qu'au théâtre, mais j'ai rarement vu quelqu'un capable de travailler aussi vite. Waszynski possède une sensibilité très développée, et semble toujours sûr de lui. Son œil est excellent, son oreille est celle d'un microphone. Quand il tourne une scène, même très complexe, on est certain qu'il s'en sortira. »

Plus troublant, Leon Liebgold parle d'un Michal Waszynski « qui tenait à ce que personne ne sache qu'il parle yiddish. Avec l'antisémitisme qui régnait à cette époque, tout ce qui avait un lien avec la *Yiddishkeit* (culture yiddish au sens large) devait être dissimulé. » Waszynski assure la mise en scène entouré d'une dizaine de personnes, dont Andrzej

Marek, qui sert directement d'interprète. « Waszynski connaît le yiddish mais ne le sait pas », raconte Leon Liebgold pour décrire le malaise culturel et identitaire d'un metteur en scène rétif à l'idée d'employer la langue de ses parents. « Je n'ai jamais su si Mischa connaissait le yiddish, se souvient Zofia Wilczynska. Même dans les quartiers juifs on ne parlait pas yiddish, c'était impossible à entendre. Le juif préférait parler un mauvais polonais plutôt que le yiddish. Son mauvais polonais donnait d'ailleurs lieu à des blagues et à des chansons. »

Cette distance linguistique entre le réalisateur et ses interprètes est courante dans le cinéma yiddish. Pour les juifs religieux, le yiddish est la langue du monde séculier, infiniment moins sacrée que l'hébreu. Pour les juifs assimilés, le yiddish marque leur appartenance à l'univers du ghetto. Cette langue a été imposée pour des raisons commerciales au cinéma, qui s'adressait à un public issu majoritairement des classes populaires. La plupart des réalisateurs de films yiddish étaient des juifs russes, polonais, ou autrichiens, tous assimilés, qui ont dû apprendre, ou réapprendre, cette langue pour faire des films yiddish.

Il y eut également deux semaines de tournage à Kazimierz sur les cinq que compta *Le Dibbouk*, un plan de tournage très confortable quand on sait que Waszynski avait l'habitude de travailler en deux ou trois semaines. Lors d'un reportage sur le tournage du film, le *Literarishe Bleter* explique que le *shtetl* de Kazimierz offre un cadre idéal à la pièce d'Anski. « Ici, à l'ombre des véritables contes primitifs, pourra fleurir et s'épanouir cette légende », estime le journaliste.

Située sur les bords de la Vistule, près des ruines du château du roi Casimir, cette petite ville juive fut remise au goût du jour à la fin du XIXe siècle par l'écrivain Schalom Asch qui y passa plusieurs étés. Son roman, *Dos Shtetl*, fait d'elle un lieu de villégiature privilégié pour les écrivains et artistes juifs. « Kazimierz était un endroit idéal, se souvient Leon Liebgold. Il y avait même un petit cimetière. Toute la population juive de la ville a participé au tournage du film. » Derrière cette atmosphère idyllique se dissimule une face plus sombre, privilégiée par Michal Waszynski. Déjà, un an plus tôt, en 1936, la comédienne Molly Picon remarquait, lors du tournage de *Yidl mitn Fidl* (Le Juif au violon) de Joseph Green, « qu'elle n'avait jamais vu une telle pauvreté. Des gamins squelettiques, avec leurs longues papillotes et leur petite kippa, portaient des guenilles et des chaussures attachées avec de la corde ».

Cette misère n'est pas directement exposée dans *Le Dibbouk*. Le folklore juif est essentiellement perçu à travers le prisme d'un regard modeste où le moindre geste est compté. Chaque personnage semble retenir son souffle dans l'attente d'un malheur inévitable. Les cérémonies qui rythment le film – la fête de *Souccot* ; le *shabbat* où Khonnen est invité dans la maison de Leah ; le mariage tragique de cette dernière ; la terrible séquence publique d'exorcisme où elle laisse ses dernières forces – dénotent une conception discrète de la vie juive. Celle-ci n'est pas un dû, mais un privilège octroyé par le ciel, susceptible d'être aboli à tout instant. La première apparition dans le film de Kazimierz avec ses somptueuses ruines, cadre baroque qui anticipe le château désincarné des *Visiteurs du soir* de Marcel Carné, puis la vision de Khonnen, étudiant de *yeshiva* modèle, avec son baluchon marchant inexorablement vers son destin pendant qu'un messager du ciel nous prévient du drame à venir, sont admirables. Elles suggèrent avec une terrible prescience le devenir fantomatique de tout un peuple.

La célèbre séquence de la danse des mendiants dans *Le Dibbouk* – remarquée, à juste titre, comme l'un des moments les plus forts du film –, qui prend place juste avant le mariage de Leah, trouve une signification toute particulière. Le spectateur de l'époque saisissait immédiatement toute sa valeur transgressive. Un film yiddish ne pouvait se concevoir sans une séquence de mariage. Le mariage symbolise la pérennité du peuple juif et la transmission de la loi d'une génération à l'autre. Ce lien est brisé dans *Le Dibbouk*. Chorégraphiée par Judith Berg, la cérémonie nuptiale se transforme en danse de la mort – Leah prend même la main d'un squelette – qui mêle hommes et femmes, dont plusieurs mendiants recrutés dans les rues de Varsovie. « Je chorégraphie la tradition » dira plus tard Judith Berg, expliquant qu'elle s'est fiée pour ses danses aux descriptions que lui aurait faites sa grand-mère.

Les histoires du cinéma omettent souvent de mentionner le phénomène peu courant, mais identifié, d'un réalisateur possédé par son film. Le tournage de *La Belle et la Bête* avait causé chez Jean Cocteau une maladie somatique, caractérisée par des irruptions cutanées lui donnant un air de ressemblance avec la bête de son film. On a souvent épilogué sur les conséquences de l'arrogance de Murnau, qui avait insisté pour tourner certaines scènes de *Tabou* sur un îlot réellement tabou, le Motu Tapu de Bora Bora. Waszynski devait en savoir quelque chose puisque la comédienne vedette de *Tabou*, Reri, était aussi celle de *Czarna Perla* *, un mélodrame ridicule qui eut pour seul mérite de faire découvrir Hawaï au réalisateur polonais. Les Tahitiens avaient vite fait de mettre les nombreux accidents de tournage de *Tabou* sur le compte de la transgression de Murnau, tout comme sa mort accidentelle, un an plus tard, au volant de sa voiture de sport, le corps déchiqueté en bas d'un talus de la Pacific Coast Highway près de Malibu.

Hanté, angoissant, mortifère, *Le Dibbouk* est le film le plus abouti de l'histoire du cinéma yiddish, et incidemment de la carrière de Michal Waszynski. « C'est un film irréel, affirme Zofia Wilczynska. Comment avait-il une telle chose en lui ? » John Drake Moore : « Mischa en parlait à mots susurrés. Il croyait qu'on pourrait nous entendre. Ce film lui faisait encore peur. C'est comme si Mike avait vu toute sa vie défiler, du moins me l'a-t-il laissé entendre ainsi. Il n'aurait jamais cru être l'homme d'un tel projet. Mais une fois dessus, il ne voyait plus qui d'autre aurait pu le mener à bien. » De la première image – un chandelier allumé dans une synagogue – aux danses cauchemardesques et à l'exorcisme qui marquent son terme, *Le Dibbouk* baigne dans la religion, le rituel et la superstition. Son atmosphère et ses décors expressionnistes nous rappellent que Waszynski croyait bien dur comme fer en l'un de ses premiers mensonges lorsqu'il prétendait avoir été l'assistant de Murnau sur *Nosferatu*. Cette atmosphère dépasse le simple exercice du film d'épouvante, comme si, par la conviction qu'il met dans chacune de ses scènes, Waszynski finissait par être persuadé des effets réels de son histoire de possession.

Le Dibbouk défie toute tentative de rationalisation. Le surnaturel est seulement invoqué pour expliquer la part d'inexplicable inhérente à notre monde. Le destin de Waszynski démontre qu'on ne touche pas impunément au *Dibbouk*. Sa mise en scène quasi documentaire, dans la description d'un rituel d'exorcisme, laisse tranquillement transpirer l'existence du diable. Leon Liebgold parle, dans un entretien donné en 1989 au *New York Times*, d'une malédiction liée au film. « Tous les gens qui ont participé au film sont morts dans le ghetto de Varsovie ou se sont suicidés. Cela m'a tellement déprimé que j'ai travaillé pendant dix ans, à partir de 1943, pour les services américains de contre-espionnage. »

La lecture du générique du *Dibbouk* ressemble rétrospectivement à une longue pierre tombale, même si l'on pourrait en dire autant de n'importe quel autre film yiddish sorti quelques années avant l'anéantissement du judaïsme d'Europe centrale. Jacek Rotmil est fusillé en 1944 à Powiak par la Gestapo, la veille de l'insurrection de Varsovie. Meyer Balaban, Andrzej Marek et Gershon Sirota meurent dans le ghetto de Varsovie. Alter Kacyzne est assassiné, avec sa famille, par des miliciens ukrainiens, près du cimetière juif de Tarnopol en 1941.

Leon Liebgold et Lili Liliana ne devront leur survie qu'à un concours de circonstances. Le couple tournait, dans les environs de New York, un autre film yiddish, *Tevié le laitier*, réalisé par Maurice Schwartz, d'après un récit de Cholem Aleichem qu'adaptera plus tard, en 1971, Norman Jewison pour *Un violon sur le toit.* Le tournage prit plusieurs jours de retard, en raison de la présence d'un aéroport dans les environs. Le bruit causé par le décollage et l'atterrissage des avions était tel qu'il fallait multiplier les prises. Liebgold et Lili Liliana comptaient à l'origine rallier la Pologne par le bateau qui devait quitter New York le 30 août 1939. Les retards successifs rendirent ce départ impossible. Deux jours plus tard, l'Allemagne envahissait la Pologne. Judith Berg et Avrom Morevsky réussirent à s'échapper en Union soviétique. Berg fondera plus tard la première école de danse en Israël. Avrom Morevsky retournera en Pologne en 1956 pour y mettre en scène *Le Dibbouk.*

Le Dibbouk sort le 29 septembre 1937 à Varsovie, avec des sous-titres polonais, dans l'un des plus grands cinéma de la capitale, le Sfinks. Il reste à l'affiche pendant plus de trois mois, et devient le premier grand succès populaire de l'histoire du cinéma yiddish, débordant de loin le seul public communautaire. Le journal professionnel *Trade* voit dans *Le Dibbouk* « un triomphe de la cinématographie nationale [qui] surclasse beaucoup de films européens ».

Dans un article publié dans *Wiadomososci Literackie*, la critique Stefania Zahorska juge le film « pompeux », « sans une seule bonne scène ». Elle pointe un « kitsch pathétique ». Mais la haine suscitée par *Le Dibbouk* déborde le simple cas de Waszynski et du cinéma yiddish. C'est ici le principe même d'un cinéma juif qui est irrémédiablement condamné.

La carrière du *Dibbouk* à l'étranger est encore plus glorieuse. Le film sort le 13 mai 1938 à Paris aux studios Parnasse et Monceau, deux salles prestigieuses qui n'avaient jamais programmé auparavant de film yiddish. *Le Dibbouk* est pour la première fois montré aux Américains le 27 janvier 1938 au Continental Theater à New York. Il suscite beaucoup plus d'attention que les films yiddish distribués avant lui, et récolte des articles dans *Time* et *Newsweek*. L'accueil a beau être globalement enthousiaste ou, à tout le moins, respectueux, *Le Dibbouk* n'est pas encore considéré comme un classique. Frank Nugent, le critique du *New York Times*, voit dans le film l'illustration « de la stupidité, de la superstition idiote, d'une religion démodée (...) aussi aberrant dans son genre qu'un documentaire sur les Pygmées ou un voyage au Moyen Age ».

Le Dibbouk s'aventure pourtant bien au-delà de la simple description de traditions ancestrales. Par sa volonté de percer les tréfonds de l'âme juive, en montrant la part réaliste de la mystique juive et en insistant sur sa dimension prophétique au moment où le judaïsme se rapproche de l'abîme, Waszynski déroge aux standards du bon goût. Les coutumes d'une communauté hassidique, imperméable à toute forme d'assimilation, sont montrées avec trop d'empathie et de précision pour plaire à tout le monde.

Le Dibbouk trouve un écho dans l'Allemagne nazie. Joseph Goebbels visionne le film en février 1942. Il note dans son journal que « bien qu'il s'agisse d'un film de propagande juive », il produit l'effet inverse : « On ne peut qu'être surpris de voir que les juifs savent si peu d'eux-mêmes et avec quel mal ils comprennent ce qui est dégoûtant pour un non-juif et ce qui ne l'est pas. » Durant la préparation du *Juif Süss*, le réalisateur allemand Veit Harlan visionne *Le Dibbouk*, à la demande de Goebbels, afin de s'imprégner du folklore yiddish pour mieux le dénaturer.

Curieusement, *Le Dibbouk* est déjà remarqué à l'époque pour son homosexualité latente, alors que celle, manifeste, de Waszynski n'est connue que d'un tout petit cercle. Le critique américain Parker Tyler, qui le considère comme l'un des plus grands films de l'histoire du cinéma, perçoit, dans *Screening the sexes*, une forme de travestissement dans le film de Waszynski, particulièrement dans la séquence où Khonnen s'empare du corps de Leah. Plus récemment, des commentateurs ont perçu un lien explicite entre l'homosexualité de Waszynski et son *Dibbouk*. Dans *Queer Jews*, un ouvrage collectif sur l'homosexualité dans la culture juive, on peut lire : « Le prologue du film est sur la naissance. Aucune femme ne tient de rôle significatif dans le film, à la seule exception de Leah. Le prologue montre Nisson et Sender, deux étudiants assimilés à deux amants qui partagent tout, leurs secrets comme leurs sentiments, et planifient l'avenir de leurs enfants. Curieusement, pour un film consacré à la transmission, aux parents et aux enfants, il n'y a aucune figure de mère ou de femme. Une telle absence a une signification. »

Le Dibbouk aurait dû être le premier d'une série de films yiddish réalisés par Michal

Waszynski. Une information parue en 1938 dans la revue polonaise *Film* signale que le réalisateur vient de signer avec Feniks Films pour adapter un scénario d'Alter Kacyzne intitulé *Kol Nidre*, d'après le nom de la prière inaugurale récitée le soir de la fête de Kippour. Aucune information supplémentaire n'est livrée sur le contenu du scénario. Faut-il entendre que Michal Waszynski souhaitait persister dans sa carrière de cinéaste yiddish ? Sans aucun doute. En janvier 1938, la semaine où *Le Dibbouk* sort à New York, le célèbre journaliste J.M. Neuman milite, dans une chronique publiée dans le *Literarishe Bleter*, pour la mise en chantier d'autres films yiddish. Trois sont sortis au moment de *Rosh ha-Shana* (fête du nouvel an juif), constatait Neuman, mais aucun n'est prévu pour l'année prochaine. Les films yiddish, affirme-t-il, doivent être plus fermement ancrés dans la tradition juive : « Les acteurs européens savent porter le costume. Mais nous, juifs, ne saurons jamais porter autre chose qu'une kippa. Nous devons montrer au public notre véritable visage. »

A l'instar de ses collègues, Michal Waszynski ne se trouvera plus en mesure de montrer ce visage juif. Après *Le Dibbouk* pourtant, il n'est plus le même homme. Son cinéma aussi va changer, pour atteindre une qualité impensable auparavant. « Comment expliquer une telle métamorphose ? souligne un critique polonais. La différence entre le Waszynski qui réalisait ses films à toute vitesse et celui du *Dibbouk* est choquante. C'est comme si l'on passait de l'artisanat à l'Art. »

Après les pochades et les films coloniaux, apparaissent d'autres films à la tonalité plus sombre. Des histoires de revenants, de clochards, de prostituées, d'hommes désespérés, mal dans leur peau, pressés d'en finir avec la vie. La simple lecture de leurs titres se passe de commentaire : *U Kresu Drogi* (Au bout de la route) *, *Wloczegi* (Les Vagabonds) *, *Kobiety nad Przepascia* (Femmes au-dessus du précipice) *. Le « Lubitsch polonais » s'est éteint pour devenir le chroniqueur désabusé de la Pologne décadente de la fin des années 1930. Le plus poignant est *Au bout de la route*, où Waszynski retrouve l'équipe du *Dibbouk* : Anatol Stern, Albert Wywerka et Stefan Norris. Un professeur d'université se fait passer pour mort afin de voir comment va réagir sa famille. Ampoulé, inutilement mélodramatique, le film baigne pourtant dans un mysticisme catholique qui en fait le pendant chrétien du *Dibbouk*. La séquence où le professeur s'enfonce dans la forêt alors que sa fille croit apercevoir son fantôme, celle où il se rend sur sa propre tombe, ou l'incroyable séance de spiritisme où sa femme tente désespérément d'entendre sa voix donnent rétrospectivement la chair de poule. C'est le dernier film réalisé par Waszynski en Pologne. On est tenté d'ajouter que, invasion allemande ou pas, il ne pouvait plus y en avoir d'autres.

Selon Zofia Wilczynska, les allusions à la supposée ascendance princière de Waszynski commencent à germer à cette époque. « Mischa a mal vécu l'après-*Dibbouk*. C'était important pour lui, il voulait continuer dans cette voie, je me demande bien pourquoi. Je ne sais pas quand ces sottises de prince ont commencé. Auparavant il avait ses histoires d'homosexuel bien dans sa peau, et ses manières de grand bourgeois, mais il a plongé brutalement et s'est mis à prendre les choses sans distance, en se prenant effectivement pour un prince. Tout cela a commencé après *Le Dibbouk* sans doute. Oui, c'est ça. *Le Dibbouk*, probablement. »

3

Retour à la Terre promise

L'armée allemande envahit la Pologne le 1er septembre 1939. Michal Waszynski se trouve le même jour à Lvov en train de terminer le tournage de *Serca Sebastiana*, un mélodrame consacré aux chanteurs folkloriques de la ville polonaise. Le film restera bien entendu inachevé. Le 18 septembre, l'armée allemande s'empare de la frontière ouest du pays alors que les soviétiques prennent le côté est. Nazis et communistes suivent ici à la lettre l'une des clauses du protocole secret signé entre Ribbentrop et Molotov, qui anticipait la partition de la Pologne entre l'Union soviétique et l'Allemagne. Le maréchal Rydz-Smigly et son gouvernement trouvent refuge en Roumanie. Waszynski se trouve lui du bon côté du rideau.

De Lvov, en compagnie de son musicien attitré Henryk Wars, de son épouse Elizabeth, du scénariste Konrad Tom et d'autres comédiens, Waszynski forme une troupe de théâtre itinérante récupérée par le gouvernement soviétique. Elle sillonne l'Union soviétique : Moscou, Leningrad, Rubishev entre autres villes durant le premier semestre de l'année 1940, avant de se trouver éparpillée et déportée par les autorités soviétiques.

Dans la confusion causée par l'invasion allemande, les soldats polonais espéraient que l'Armée rouge viendrait les sauver des griffes de la Wehrmacht. Mais la Pologne est maudite. Une fois sa partie orientale annexée, les autorités soviétiques commencent à déporter les citoyens polonais vers la Sibérie, le nord de la Russie et le Kazakhstan. Un million et demi de Polonais, civils et militaires, sont ainsi envoyés en URSS entre l'automne 1939 et juin 1941. Ces prisonniers sont répartis en trois catégories. Les militaires sont déportés dans des camps avec le statut de prisonniers de guerre. Parmi eux, certains, accusés de crime de guerre par les autorités soviétiques, sont emprisonnés dans des camps de travail. Enfin, la troisième catégorie, de loin la plus importante, dont fait partie Waszynski, est composée d'hommes, de femmes et d'enfants, envoyés en Sibérie, au Kazakhstan et en Ouzbékistan. Waszynski échoue en Sibérie. « J'ai une image assez claire du jour où les autorités soviétiques l'ont déporté, se souvient Elizabeth Wars. Mischa leur a dit qu'on ne se comportait pas de cette manière avec un prince. Tout communiste qu'ils étaient, ils devaient faire preuve de respect envers un aristocrate. Je me suis dit qu'il fallait être dingue pour parler comme ça quand on est juif. Mais, avec le recul, il fallait bien au contraire être très intelligent. Vous n'alliez quand même pas dire à ces cons de Russes que vous étiez juif ? »

Waszynski se retrouve dans une ferme à travailler la terre. Les déportés ont le droit d'emporter avec eux quelques biens qui leur permettent de survivre en les échangeant contre de la nourriture et des vêtements. Les conditions de travail sont insupportables. Plus d'un quart des Polonais envoyés dans cette ferme meurent dans l'année qui suit.

L'opération Barbarossa modifie les paramètres de la Deuxième Guerre mondiale. Aveuglé par ses succès militaires, Hitler entre en guerre le 22 juin 1941, malgré l'avis de ses généraux, contre l'Union soviétique. Cette dernière rejoint le camp de la Grande-Bretagne et de la Pologne. Le lendemain de l'attaque allemande, le général Wladyslaw Sikorski, chef du gouvernement polonais en exil établi à Paris, puis à Londres, s'adresse dans un discours radiodiffusé aux Polonais d'Union soviétique, et enjoint à Staline et à son gouvernement de rejoindre la Pologne dans le combat contre l'Allemagne. L'alliance polono-soviétique est formalisée le 30 juillet 1941 dans un accord ratifié par le général Sikorski et Ivan Maisky, l'ambassadeur soviétique à Londres, qui rétablit les relations diplomatiques entre les deux pays.

Cet accord permet la formation de l'armée polonaise en Russie, placée sous les ordres du général Wladyslaw Anders qui déclenche, pour reprendre l'expression de l'historien anglais Norman Davies, « une odyssée de la guerre moderne digne des *Dix Mille* de Xénophon ». Cet accord stipule également la formation d'une armée polonaise en Union soviétique ainsi qu'une amnistie pour tous les Polonais internés dans des prisons ou des camps de travail. Le 12 août, le Politburo du parti communiste soviétique autorise la libération de tous les prisonniers de guerre et civils polonais internés. Les réfugiés et des déportés qui ont résisté aux rigueurs de l'exil sibérien et des camps staliniens de l'Arctique se rassemblent dans les centres de Buzuluk sur la Volga et de Yangi-Yul dans l'Ouzbékistan. Parmi eux, Michal Waszynski.

On ne peut que deviner l'itinéraire emprunté par le cinéaste polonais. Imaginons donc les portes de centaines de prisons et de camps de travail soudain ouvertes, avec des centaines de milliers d'hommes, de femmes et d'enfants libérés avec un seul objectif en tête : trouver l'armée polonaise pour se placer sous sa protection. Certains sont partis des montagnes de l'Altaï, Waszynski lui de Sibérie, ce qui signifie qu'il a marché pendant plus de quatre mois en direction du sud-ouest, car il était acquis que, si armée polonaise il y avait, celle-ci se trouverait nécessairement au sud. Waszynski est peut-être monté à bord d'un train, sans même connaître la destination du convoi, avec le simple espoir qu'il se dirigeait vers le sud. Il est peut-être aussi monté à bord d'un radeau de fortune sur le simple argument que le cours de la rivière descendait vers le sud, ou sur une carriole car on lui avait dit que l'armée polonaise se trouvait tout là-bas. Ainsi, un million de Polonais, soldats et surtout civils, nourris essentiellement aux pommes de terre crues et à l'eau bouillie, tentent envers et contre tout de se placer sous le paravent d'une hypothétique armée polonaise. Michal Waszynski trouve le chemin. Son dossier militaire stipule qu'il intègre le 10 décembre 1941 les forces polonaises en URSS. Le 1er avril 1942, ces mêmes forces passent sous commandement britannique.

Le général Anders hérite d'une force militaire diminuée. Son principal souci est d'empêcher Staline de transformer cette armée en poudre à canon. Selon un journaliste anglais venu inspecter l'armée Anders, les soldats polonais sont prêts à en découdre immédiatement avec les nazis, et Anders doit user de tout son talent de persuasion pour leur faire comprendre qu'aller au feu dans un tel état de fatigue et d'affaiblissement relève du suicide. L'idée de faire évacuer cette armée vers le Moyen-Orient apparaît très tôt. La possibilité d'utiliser ses troupes pour soulager les forces anglaises et leur permettre de mieux se concentrer sur le front japonais est considérée avec sérieux par Churchill. Il fait cette suggestion à Staline, conscient qu'il lui faut retirer les troupes anglaises stationnées au Moyen-Orient. Il comprend aussi qu'il faut éviter à cette armée et à la population civile qui la suit un sort funeste. Staline ne tenait à la présence des Polonais qu'à la condition qu'ils restent communistes. Ce qui est loin d'être acquis. Il donne donc à Anders le 8 juillet 1942 son accord pour évacuer l'armée polonaise vers le Moyen-Orient. 75 000 soldats et 38 000 civils sont ainsi autorisés à quitter le sol soviétique.

Deux détails du dossier militaire de Michal Waszynski sont frappants. Le cinéaste ment sur plusieurs points. A commencer par son lieu de naissance. Celui-ci n'est plus Kovel, mais Varsovie. Un choix tout à fait logique : né dans la capitale polonaise, plutôt que dans une petite bourgade juive de Volhynie, il aura moins de mal à persuader ses interlocuteurs de ses origines princières.

Un autre point se révèle d'égale importance. Dans la rubrique « religion », Waszynski coche la case « catholique romain », et non « juif », à la différence de ses collègues, le chef opérateur Seweryn Steinwurzel, le musicien Henryk Wars et le réalisateur Konrad Tom, qui se trouveront en charge, sous sa direction, du département cinématographique de l'armée. Le réalisateur polonais agit là de manière raisonnée, et retient une leçon déjà retenue par beaucoup de ses compagnons juifs. Elizabeth Wars : « Le prince est de retour ! m'a dit Mischa lorsque nous nous sommes retrouvés dans les rangs de l'armée. Là, je n'ai pas compris où il voulait en venir. Il était de retour avec nous, nous avions passé une vie ensemble, à Varsovie, puis maintenant ici, et pourtant, il était passé dans une autre dimension. Je me souvenais de Mischa juif. Il ne restait plus que Mischa le prince. »

Se déclarer juif dans l'armée Anders équivaut à s'en barrer l'accès, car les Soviétiques veulent y limiter le nombre de juifs. Un tiers des réfugiés polonais en URSS sont juifs, mais officiellement seulement 2 870 d'entre eux rejoignent Anders. Les Anglais favorisent les mêmes restrictions, de peur que la formation d'une armée juive en Palestine ne serve à terme le projet sioniste et ne précipite la fin de leur mandat sur cette terre. Ces précautions restent sans effet. Plusieurs membres de l'armée Anders, dont l'un des plus illustres, Menahem Begin, chef de l'Irgoun et futur Premier ministre de l'Etat d'Israël, trouveront là un moyen inespéré de quitter l'Union soviétique et de soutenir un projet sioniste dont les desseins sont d'évidence contrariés par la destruction des juifs d'Europe.

L'armée Anders arrive épuisée en février 1942 à Téhéran. La moitié des 12 000 civils qui l'accompagnent est victime du typhus ou de la malaria. Michal Waszynski dépasse dans la capitale iranienne son statut de simple soldat. La comédienne polonaise Renata Bogdanska, future femme du général Anders, qu'elle épousera en 1946, a repéré le nom de Waszynski sur les listes des engagés. « Mon mari savait qu'un bon spectacle ferait plus pour notre armée que n'importe quel ambassadeur. Quand nous avons découvert que le grand Michal Waszynski était parmi nous, nous nous sommes tout de suite dit qu'un réalisateur aussi talentueux serait l'homme idéal pour diriger la cellule spectacle de l'armée. Waszynski s'est retrouvé ainsi en charge de la Polish Parade où se retrouvaient les musiciens et comédiens de l'armée. Nous avons même gagné un concours interarmées. Mon mari pense que la Polish Parade a plus fait pour la renommée de son armée que n'importe quelle autre unité. En plus, Mischa bénéficiait d'une liberté complète ici. Même son homosexualité, connue de tous, ne posait aucun problème. »

L'armée Anders se déplace, de septembre à août 1942, en Irak où elle peut désormais s'organiser, puis en Palestine durant l'été 1943, et en Egypte à partir du 15 décembre 1943, dernière étape avant de livrer le combat contre les forces de l'Axe en Italie. Son séjour en Palestine est le plus mouvementé. Comme prévu, il comporte son lot de désertions parmi les soldats juifs. Sur les 4 200 que comptait cette armée, on dénombre 3 000 défections. Celles-ci n'altèrent pas les bonnes relations qu'entretient l'armée Anders avec la population juive. L'exemple de Menahem Begin est particulièrement intéressant. Le leader de l'Irgoun obtient une permission d'un an. Permission qui s'apparente à une désertion de fait, sauf que pour lui il était impensable d'entrer dans la résistance juive avec le statut de déserteur.

Les soldats de l'armée Anders se trouvent en Palestine dans une situation surréaliste. Ils arrivent dans un pays où la première langue parlée est, avec l'arabe, le polonais, langue natale de la majorité des émigrants juifs établis alors en Palestine. Pendant neuf cents ans, les juifs étaient une minorité en Pologne. Et là, par un étrange effet de miroir, une armée polonaise débarquait sur un territoire sur le point de devenir un Etat juif.

Le périple de l'armée Anders au Proche et au Moyen-Orient est filmé en 1943 par Michal Waszynski et Konrad Tom dans *Dzieci* *. On retrouve Seweryn Steinwurzel à la photo, et Henryk Wars à la musique. Le film vaut par le témoignage exceptionnel qu'il représente, à savoir les images uniques, soigneusement conservées au ministère de l'Information polonais à Varsovie, qui relatent le périple de l'armée, avec des plans saisissants de Téhéran, de la vieille ville de Jérusalem, de Tel-Aviv et du Sphinx. Le documentaire montre des enfants qui suivent l'armée Anders, à partir du Kazakhstan puis dans tout le Moyen-Orient avec des visées propagandistes. Il s'agit à l'évidence de rehausser la stature du général Anders, qui apparaît à la fin du film et assure à une horde d'enfants : « La Pologne sera pour vous, elle sera libérée, il est capital de revenir en Pologne une fois la guerre terminée. » Les enfants, en majorité des orphelins, sont par ailleurs traités de manière exemplaire par l'encadrement militaire. Ils pratiquent la gymnastique et la boxe, partent chaque dimanche en excursion.

La structure du film est fascinante. *Dzieci* * est le testament de Waszynski. Construit comme une lettre qu'envoie chaque semaine son fils à une mère restée à Kovel, la ville natale de l'auteur, il dépasse clairement le simple reportage de guerre pour devenir une sorte de journal intime, indécelable pour tous, proches y compris. Un ultime mot d'adieu à sa famille envoyé par un homme qui ne retournera plus jamais en Pologne. Il s'agit là de l'unique mention de la ville natale du réalisateur dans ses films ou dans ses discussions. De fait, à ce moment-là Waszynski dit adieu à tout, à commencer par ses parents, vraisemblablement déportés. Le réalisateur du *Dibbouk* solde son passé juif pour s'inventer une nouvelle ascendance. Le prince Waszynski est né, mais il lui a fallu pour cela se débarrasser de Michal Waks. Lorsque le gamin du film décrit son excitation de découvrir la Palestine où est allé l'un de ses plus vieux camarades, le tout appuyé par des plans interminables de la vieille ville de Jérusalem puis de la plage à Tel-Aviv, on ne peut s'empêcher de se demander où le réalisateur veut en venir – Kovel et la

Volhynie furent une des premières régions où s'implanta le mouvement sioniste – et surtout ce qu'il est venu chercher en Palestine pour y filmer le mont du Temple et le Mur des Lamentations. Une fois seulement, Michal Waszynski serait retourné plus tard en Palestine, devenue depuis l'Etat d'Israël. C'était, selon le producteur Alan Brown, en 1962, pour les repérages de *La Chute de l'Empire romain*, une production Samuel Bronston tournée en Espagne avec Alec Guinness et Sophia Loren et dont Waszynski était le producteur associé. L'anecdote est sans doute apocryphe. Aucune archive des Productions Bronston ne fait par ailleurs mention de quelconques repérages en Israël pour cette production qui n'avait aucun besoin d'être tournée au Proche-Orient et demandait, au contraire, en raison de son devis incroyablement élevé, un tournage en Espagne. Au contrôle des papiers à l'aéroport de Tel-Aviv, un douanier pose à Waszynski une question sur l'origine de son nom. Waszynski : « C'est polonais, aristocrate, prince polonais. » Le douanier : « Ne te fous pas de ma gueule, je sais bien que tu es juif. »

Les autres films réalisés par Waszynski durant la guerre ne possèdent pas le même caractère autobiographique. *Polish Parade* *, tourné la même année que *Dzieci* *, se contente de capter l'une des représentations proposées par l'unité de divertissement de l'armée avec des spectacles de danse, mazurka et tango, et un faux Charlot en militaire portant l'inscription *Pologne* sur son uniforme. Le spectacle est bien fait, les numéros exécutés avec un professionnalisme certain, mais on se trouve là dans un divertissement de foire. Un gag autour de Chaplin ressemble à un mauvais numéro de cirque. Un présentateur dit, en anglais, que les hommes préfèrent les blondes. Une superbe blonde arrive alors et se met à chanter en polonais. Elle est interrompue par un imitateur de Charlot soi-disant à la recherche d'une cigarette. Lorsqu'il cherche à quitter la scène, sa canne reste collée à sa chaussure. Son apparition est elle-même interrompue par l'arrivée d'un couple qui se met à danser le tango sous un éclairage expressionniste.

Michal Waszynski ralentit le rythme de sa production au moment où l'armée Anders entre dans une phase plus active. Entre décembre 1943 et mai 1944, les soldats polonais sont transportés d'Alexandrie, Suez et Port-

Saïd au sud de l'Italie, à Bari, Brindisi et Naples. Cette armée s'est désormais transformée en véritable unité de combat. Femmes et enfants ont été laissés en Palestine et en Egypte. L'objectif du général Anders est de faire du deuxième corps de l'armée polonaise un élément prépondérant de la libération de Rome. Les forces alliées se heurtent en décembre 1943 à la ligne Gustav, une ligne fortifiée au sud de Rome. La ville de Monte Cassino est la principale position allemande. Une fois brisée, c'est toute la ligne Gustav qui explosera et la route de Rome sera ouverte. La prise de cette ville est donc cruciale pour le général Anders. Si son armée s'empare de Monte Cassino, il trouvera un argument de poids pour contredire la propagande soviétique, qui prétend que les Polonais ne veulent pas combattre les Allemands. Il réalise aussi qu'un affrontement dans un autre secteur, moins stratégique ou moins symbolique, causerait autant de pertes dans son armée sans lui apporter la même reconnaissance. Enfin, il lui faut remporter une victoire de poids pour remonter le moral de la résistance polonaise.

L'honneur de filmer la bataille de Monte Cassino, qui va s'inscrire comme le fait d'armes majeur de l'armée Anders, revient à Michal Waszynski. *Monte Cassino* * sera projeté aux forces alliées stationnées en Allemagne. Les troupes polonaises donnent l'assaut le 17 avril 1944. Après un mois d'affrontements très durs, où la stratégie hiératique du général Anders cause des ravages (mille morts, trois mille blessés sérieux, soit la moitié des officiers et un tiers des engagés), elles s'emparent le 17 mai du plateau de Monte Cassino. De là, elle poursuit sa marche victorieuse. Le 15 juin, après avoir rejoint l'Adriatique et effectué la jonction avec le cinquième corps de l'armée britannique, elle s'empare du port d'Ancône. Le 2 septembre, Pesaro est débarrassée des forces allemandes, après des combats d'une rare violence. L'ultime fait d'armes de l'armée Anders a lieu le 21 avril 1945 avec la libération de Bologne.

L'après-guerre se révèle beaucoup plus difficile à gérer pour l'armée Anders et la Pologne que la guerre elle-même. Anders n'atteindra jamais les objectifs politiques qu'il s'était fixés. La conférence de Téhéran en novembre 1943 et surtout la conférence de Yalta scellent le sort de la Pologne, considérée comme une puissance défaite et livrée en pâture aux

Soviétiques. Il en résulte un profond sentiment d'abandon au sein de cette armée. L'Italie ne veut plus l'abriter. Le gouvernement transalpin se demande ce qu'il va faire de cette main-d'œuvre potentielle au moment où il fait face à une crise de l'emploi sans précédent. En outre, le parti communiste italien, devenu une force majeure du pays, ne tient plus à ce que ces Polonais hostiles au régime soviétique restent à demeure sur le sol du pays. Le deuxième corps de l'armée commence à quitter l'Italie à partir de juin 1946.

Peu de temps avant, Waszynski a réalisé son ultime film personnel. *Wielka Droga**, le premier des trois réalisés par lui en Italie, durant l'été 1946, constitue une réponse avant la lettre au dogme communiste. C'est de facto le dernier film polonais réalisé avant que la chape de plomb communiste ne recouvre le pays. Jadwiga Andrzejewska, une actrice qui a travaillé avant guerre avec Waszynski, et Renata Bogdanska, l'épouse du général Anders, y héritent des deux rôles principaux. Albin Ossowski, un jeune acteur polonais au physique de blond germanique, incarne le jeune héros. On retrouve au générique de *Wielka Droga* les principaux collaborateurs de

Waszynski avant guerre : Konrad Tom, Henryk Wars, Stanislas Lipinski et Seweryn Steinwurzel. Vittorio Cottafavi apparaît au générique comme coréalisateur. Mais le futur réalisateur des *Légions de Cléopâtre* et des *Cent cavaliers*, qui deviendra la figure emblématique du péplum italien, ne tourne que des plans de seconde équipe. Il ne figure au générique que pour permettre au film d'obtenir le statut de coproduction italo-polonaise.

L'argument de *Wielka Droga* situe d'emblée les ambitions du film : il s'agit d'établir un monument cinématographique à la mémoire de l'armée Anders, laquelle assume par ailleurs la totalité du budget du film, et en confie la réalisation à Waszynski, consciente qu'il est le seul homme capable de mener le projet à bien dans les délais et avec le budget impartis. L'invasion de la Pologne en 1939 oblige un jeune Polonais, Adam, à se séparer de sa famille et d'Irène, sa fiancée (Renata Bogdanska). Adam rejoint l'armée Anders et les forces alliées pour traverser le Moyen-Orient puis se retrouver en Italie, où il est l'un des héros de la bataille de Monte Cassino. Blessé gravement aux yeux, il perd momentanément l'usage de la vue et confond ainsi l'infirmière de la Croix-Rouge qui le soigne (Jadwiga Andrzejewska) avec sa fiancée. Afin de ne pas le désespérer, l'infirmière ne fait rien pour le dissuader. Quand Adam retrouve enfin la vue, il s'en va avec Irène. Waszynski mêle des documents d'archives avec des scènes tournées en studio. La partie romantique du film est aussi creuse que les mélodrames tournés par Waszynski avant guerre, mais elle ne vient là que pour étoffer un message politique cristallin. Le « grand chemin » évoqué par le film, qui serait celui menant à une Pologne libre, reste jalonné d'obstacles. Les Polonais devront encore se battre pour libérer leur pays. Les autorités communistes polonaises ne sont pas dupes. *Wielka Droga* ne sera jamais montré en Pologne avant le début des années 1990. Il s'agissait du dernier film polonais réalisé avant l'avènement du communisme dans ce pays.

Une partie du tournage de *Wielka Droga* a lieu dans les studios de Cinecittà, transformés depuis trois ans en camp de réfugiés. Une production polonaise de fortune par une armée promise à la dissolution peut bien y installer ses quartiers quelques jours. Parmi les réfugiés en transit à Cinecittà, certains sont des expatriés qui attendent de pouvoir retourner dans leur pays, d'autres sont d'anciens déportés qui attendent leur visa pour les Etats-Unis, d'autres encore se contentent d'attendre. « Je venais de sortir d'Auschwitz, se souvient Albin Ossowski, et je me retrouvais à tourner à Cinecittà et dans les studios de la Scalera Film. C'est un souvenir surréaliste de passer en aussi peu de temps de l'Enfer au Paradis sur terre. Les deux mois de tournage au printemps ont été merveilleux. Waszynski était formidable avec moi. Il adorait m'emmener prendre une glace après le travail. Il s'occupait de moi comme d'une jolie fille. »

Les plateaux de Cinecittà se sont transformés en immenses dortoirs qui contraignent l'équipe du film à trouver momentanément refuge dans les studios Scalera. Situés sur le boulevard extérieur de la via Appia, ces studios ont un aspect typiquement fasciste. Mussolini les avait inaugurés en 1938, dans l'élan de cette « relance de la cinématographie nationale » qui avait conduit, peu de temps auparavant, à l'ouverture de Cinecittà. Ils comptaient parmi les plus grands de Rome. Les deux frères Scalera, Michele et Salvatore, sont arrivés au cinéma dans des circonstances particulières. Ils avaient fait fortune en Libye et en Erythrée grâce aux adjudications gouvernementales des travaux de voirie et d'édifices publics, jusqu'à ce qu'en 1937 éclate le « scandale Scalera ». Après un contrôle de leurs budgets, il était clairement apparu que les deux entrepreneurs déclaraient payer des salaires vingt fois supérieurs à la norme des travailleurs de couleur, bien moins rémunérés que les Italiens. Mussolini avait étouffé l'affaire et demandé en contrepartie aux Scalera d'investir dans le cinéma.

Michele Scalera, connu dans le milieu du cinéma romain comme « le Commandeur », se montre d'emblée impressionné par la stature de Waszynski. Un prince en exil martyrisé par les communistes constitue une fréquentation de choix pour cet ancien dignitaire fasciste. Large, trapu, le teint rosé, Waszynski a perdu son allure de jeune homme. Même la guerre n'y a rien fait. Il est emmitouflé dans un manteau noir qui peut sembler trop étroit ou trop long. Les boutons de manchette qu'il porte systématiquement, même en plein été, intriguent. Ils ont la forme d'un blason du Moyen Age. « Ce sont les armoiries de ma famille », assure-t-il à Michele Scalera, honoré de voir une telle personnalité fouler le sol de ses studios.

L'aspect lumineux de Rome impressionne Waszynski. Les ruines de l'Antiquité s'amoncellent à côté de celles occasionnées par la guerre. Waszynski est fasciné par la beauté de la capitale romaine, et médusé par l'indifférence des Romains à leur ville. Ceux-ci sont par ailleurs trop occupés. Pris par une activité incessante, les gens achètent, vendent, troquent, traînent derrière eux des paquets de toutes sortes. Des gamins portent sur le dos des vestes d'uniformes abandonnées par l'armée alliée. « Que font tous ces gens ? » demande Waszynski à Scalera. « Les gens ? lui répond le producteur, que voulez-vous donc qu'ils fassent ? Ils se débrouillent. Ils font comme vous et moi. Ils survivent. »

4

L'aristocratie romaine accueille son prince

Waszynski a compris que son avenir ne se trouve plus en Pologne. « C'est devenu une des obsessions de Mischa avec le temps, note Zofia Wilczynska. Il voulait savoir si l'on pensait à lui, si ses films passaient à la télévision, mais non, rien. Il était associé à l'ancien régime, on s'en souvenait comme d'un amuseur, tout le contraire des mots d'ordre idéologiques de l'époque. » Dans le catalogue des films polonais dressé en 1954 par Film Polski, l'organisme d'Etat chargé de la diffusion du cinéma polonais à l'étranger, on ne trouve aucune mention d'un film polonais réalisé avant guerre. « A proprement parler, il n'y avait pas de cinématographie nationale dans l'ancienne Pologne, peut-on y lire, la nouvelle

Pologne est née quand les premières unités de l'armée polonaise de libération, fraternellement mêlées à l'armée soviétique, ont mis le pied sur le sol polonais. »

Les aventures polonaises de Michal Waszynski s'arrêtent là. Il est dégagé de ses obligations militaires le 23 mai 1947. Et avec l'abandon de la mère patrie, où il ne peut retourner – pour raisons politiques selon Elizabeth Wars –, il se trouve contraint de revoir entièrement son plan de carrière. Il s'agit cette fois de passer pour un autre et de profiter de la période flottante de l'immédiat après-guerre pour imposer sa nouvelle identité.

Pour cela, il faut des moyens. Waszynski les trouve dans un mariage de circonstance : le réalisateur polonais épouse fin 1946 Maria Dolores Tarantini, veuve du comte Tarantini, établie à Recanati, près d'Ancône. Waszynski adopte également, à la demande de Jadwiga Andrzejewska, sa fille Barbara : l'actrice polonaise s'expatriant temporairement en Grande-Bretagne, elle lui laisse sa fille qu'elle récupérera deux ans plus tard... « Mon prénom complet est Barbara Maria Dolores, se souvient Barbara Kaczmarska, aujourd'hui professeur de mathématiques à Lodz. Je suis née le 17 décembre 1943 à Tel-Aviv, mais mes documents de baptême datent du 7 octobre 1945, et à cette époque Maria Dolores était une veuve qui voulait que j'hérite de ses biens. Waszynski aimait énormément ma mère. Il était prêt à tout pour l'aider. Et voilà qu'il s'était marié à la surprise générale, tout le monde savait qu'il était homosexuel, avec cette comtesse richissime, prête en plus à m'adopter. On savait tous qu'il s'était marié avec elle pour l'argent. Mischa s'est acheté une Cadillac blanche avec des poignées en or, cette voiture je m'en souviens encore. La comtesse est morte peu de temps après le mariage, elle était très âgée, avait du mal à marcher. Mischa est devenu riche. » Zofia Wilczynska lui rend visite à la même époque et est frappée par l'opulence dans laquelle évolue Waszynski : « Mischa avait considérablement minci, ce qui était bien, car il était diabétique. Il habitait à Rome dans un somptueux palais d'un luxe absurde situé au 26 via Giacomo Carissimi. Mischa était marié, ce qui était une autre absurdité. Mais il ne m'a jamais présenté sa femme. Il avait un secrétaire à qui il avait appris à répondre en polonais. »

Michal Waszynski ne quittera plus le 26 via Giacomo Carissimi. Situé en plein cœur de la Rome noble et riche, ce palais abrite aujourd'hui le siège social d'une compagnie d'assurances. C'est un bel édifice du XVIIIe siècle dont la disposition correspond au caractère pour le moins particulier de son nouveau propriétaire. Au rez-de-chaussée, dans l'immense entrée, Waszynski a fait installer des rampes de théâtre afin de la transformer en longue scène. Les visiteurs sont reçus par un Ethiopien en tenue de domestique, héritage probable des années africaines du premier mari de la comtesse Tarantini. L'Ethiopien à la taille immense prend les manteaux et les chapeaux et introduit les visiteurs dans le salon. Avant d'entrer, chacun a le temps de prendre la mesure de l'immensité du palais. Le vaste salon est décoré de tapisseries et de tapis futuristes, dans des tons plutôt sombres. Les trois niveaux du palais sont envahis par une collection d'art de la Renaissance.

Cette vie de château ne freine pas l'élan artistique de Waszynski. Juste après le tournage de *Wielka Droga*, il se remet immédiatement au travail, et s'attelle à *L'Inconnu de Saint-Marin* *. C'est le film le plus notable de sa courte carrière italienne, en raison de sa distribution prestigieuse, Anna Magnani et Vittorio De Sica. Anéanti par la catastrophe financière de *Sciuscià*, De Sica accepte tous les rôles qui lui sont offerts. C'est d'ailleurs sur le plateau du film de Waszynski qu'il débute la préparation du *Voleur de bicyclette. L'Inconnu de Saint-Marin* * est aujourd'hui un film invisible. « Quelqu'un a volé la copie », croit savoir Maria Bogdanska qui hérite d'un rôle secondaire en même temps que deux autres rescapés du tournage de *Wielka Droga*, Jadwiga Andrzejewska et Albin Ossowski. « Je ne l'ai moi-même jamais vu, affirme ce dernier. Vittorio Cottafavi a assuré l'essentiel de la réalisation. Mischa était fou de rage, il tenait à hériter seul de ce projet prestigieux, mais il n'en était pas question pour les producteurs. » Le prestige attaché à ce projet est nul. Il suffit de relire la courte lettre adressée en avril 1947 par Cesare Zavattini à Vittorio De Sica, pour lequel il écrira plus tard les scénarios du *Voleur de bicyclette* et de *Umberto D.* Zavattini écrit : « J'ai terminé un sujet sur commande dans lequel devait entrer un petit théâtre aux armées polonais, la République de Saint-Marin et un baryton chilien. *Sic.* »

Le tournage se déroule pendant huit semaines durant l'été 1947, à Saint-Marin d'abord, puis à Rome. Le sujet de *L'Inconnu de Saint-Marin* est baroque. La patte de Waszynski sur le projet est évidente, même si de l'aveu de Maria Bogdanska et Albin Ossowski sa réalisation lui échappe. Son sujet, l'amnésie, se situe dans le prolongement de tous les films du réalisateur polonais depuis *Le Dibbouk* : le dédoublement de personnalité, l'abandon de soi. Pendant la Deuxième Guerre mondiale arrivent à Saint-Marin de nombreux réfugiés. Parmi eux, un étranger, en réalité un ancien nazi, qui a perdu la mémoire. Homme bon et innocent, presque un saint *ante mortem*, il se lie d'amitié avec tout le monde. Le curé croit qu'il a été envoyé par Dieu. Quand arrive la nouvelle de la fin de la guerre, il organise une procession dans la ville. L'inconnu retrouve alors la mémoire et se voit en uniforme nazi en train d'organiser un massacre. Désespéré, il se jette dans un champ de mines. Le sous-texte christique est évident. Anna Magnani incarne une prostituée, inspirée de Marie-Madeleine, qui retrouve bien entendu sa vertu après sa rencontre inopinée avec un nazi en quête de rédemption. Vittorio De Sica incarne un bourgeois qui accueille l'étranger. « Jusque-là, affirme Renata Bogdanska, Mischa m'apparaissait comme un juif comme les autres. Ni plus juif, ni moins juif que les autres membres de la Polish Parade. Mais là, il était comme happé par la chrétienté. Il s'est mis à dérailler sur ses origines. Voilà qu'il me disait qu'il avait des origines de prince polonais, un délire encouragé par son train de vie somptuaire. A l'énoncé de ces bêtises, je me souviens lui avoir répondu : "Mischa, on ne peut pas être prince et s'appeler Waszynski. Ça n'existe pas." »

Les rapports entre Waszynski, De Sica et Magnani sont excellents. Selon Giorgio Dickmann, le fidèle ami qui accompagnera le réalisateur polonais jusqu'à sa mort en 1964, Waszynski et De Sica deviennent très proches, proximité qui a poussé De Sica à convaincre Magnani de tourner dans le film.

Giorgio Dickmann est l'un des personnages clés de ce livre. Aujourd'hui grand-père, ancien agent d'assurances, cet homme de taille moyenne, âgé de 79 ans, est la seule personne à avoir fréquenté assidûment Waszynski pendant une période aussi longue. Dickmann est également le seul à avoir assisté à la trajectoire fulgurante du prince, devenant même, en

1962, le gérant du bureau italien des Productions Bronston dont Waszynski était le numéro deux. Son concours s'est révélé précieux, pour autant que quelqu'un puisse vous venir en aide pour retrouver la trace de Michal Waszynski. Sous assistance respiratoire en permanence, Giorgio Dickmann parle peu. En revanche, il ne se sépare jamais de sa mallette Vuitton. Sa valeur est inestimable. Elle contient les rares documents photographiques concernant Waszynski, en partie reproduits ici, et des documents d'état civil qui ont permis à ce livre de se bâtir sur des fondations solides.

L'accueil réservé à *L'Inconnu de Saint-Marin* est désastreux. « Beaucoup de choses me dérangent dans ce film, écrit le 15 mai 1948 le critique de la revue de cinéma italienne *Hollywood*. Que des acteurs comme De Sica et Magnani aient accepté de jouer dans un film aussi honteux, et savoir que Zavattini a signé le scénario, me démoralise complètement. »

Michal Waszynski ne se décourage pas, même si personne ne se déplace pour voir *L'Inconnu de Saint-Marin*. Il se lance durant l'été 1948 dans le tournage de son ultime film, *Fiamme sul mare*, un mélo, sans stars cette fois-ci, sur un armateur qui tente une arnaque à l'assurance en coulant un de ses bateaux. Vittorio Cottafavi y réalise des plans de seconde équipe. Le film se révèle un honnête succès avec 35 milliards de lires de recettes, mais signe la fin de la carrière de Waszynski réalisateur. Devenu l'une des vedettes de la jet-set italienne, sa mythomanie lui a permis de bâtir le plus extraordinaire arbre généalogique de la métropole romaine. Il aurait pu se concevoir en juif errant, en martyr du *shtetl*. Il a choisi de se comporter en noble spolié. L'aristocratie italienne le considère pour de bon comme un prince polonais. Il devient l'intime de la comtesse Dorothea Di Frasso, un grand nom de l'aristocratie romaine, dont la villa Madama, située sur les hauteurs de la capitale italienne, est le lieu de passage obligé de toutes les stars américaines en transit dans la Ville éternelle. Raphaël, qui l'avait érigée sur les pentes du mont Mario, disait avoir vu la villa Madama en rêve. Il l'avait imaginée comme une nouvelle Domus aurea, cette Maison dorée que Néron s'était fait construire après l'incendie de Rome. Mais Raphaël a su donner à cette demeure la grâce de la Renaissance.

Dorothea Di Frasso est une figure emblématique de ce microcosme. Née Dorothea

Caldwell Taylor, fille de Bertrand Taylor, un millionnaire originaire du New Jersey, la future comtesse Di Frasso s'est bâti une sérieuse réputation à Hollywood où elle multipliait les conquêtes. On l'a vue au bras de Clark Gable, Gary Cooper, Cary Grant. D'autres l'ont aperçue dans le lit de Marlene Dietrich. Son mariage avec le comte Carlo Dentice Di Frasso, un proche de Mussolini, ne tempère pas son caractère aventureux. Le gangster Bugsy Siegel, futur fondateur de Las Vegas, devient même son amant. Il effectuera en 1938 un bref séjour à la villa Madama où il se retrouvera en face de Joseph Goebbels et d'Hermann Goering, invités eux par le comte Di Frasso. La villa Madama est restaurée en 1941 sous l'étroite supervision de la comtesse.

Waszynski trouve là un lieu où il fait bon vivre. Deux majordomes en livrée accueillent les visiteurs en brandissant des torches et les conduisent à travers d'immenses vestibules couronnés de voûtes. Pour parvenir au second bâtiment de la villa, il faut traverser un labyrinthe de haies, au-delà duquel on peut apercevoir au loin les lumières de la ville. Sensible aux mensonges de Waszynski comme à ses récits épiques d'aristocrate spolié par les nazis puis par les communistes, la comtesse Di Frasso apprécie au plus haut point la compagnie du prince.

On aperçoit aussi régulièrement Michal Waszynski dans l'entourage de la comtesse Gragoska ou du comte Rudi Crespi : il ne lui a fallu qu'une seule année pour connaître absolument tout le monde à Rome. Pas un seul Américain ne passe dans la capitale italienne sans payer son tribut à Waszynski. Ces mondanités assurent rapidement sa fortune. A la fin de l'année 1948, Rome est en passe de devenir une annexe de Hollywood. Le plan Marshall prévoit un financement de deux cents millions de dollars pour l'achat de films américains. L'industrie américaine du cinéma comprend que les grandes productions à costumes, dont elle doit hâter la mise en chantier pour ne pas subir de plein fouet la concurrence de la télévision, coûtent beaucoup moins cher à réaliser en Italie qu'en Californie. Waszynski devient ainsi un intermédiaire de choix entre Hollywod et Cinecittà. Il fait une fois de plus le bon choix, avec en plus l'appui stratégique de la comtesse Di Frasso qui met son carnet d'adresses à la disposition du réalisateur polonais.

Waszynski reçoit Orson Welles dans sa demeure romaine en décembre 1947. Cette rencontre va marquer son destin dans les deux années à venir. Le réalisateur de *Citizen Kane* est virtuellement exclu de Hollywood depuis l'échec de *La Dame de Shanghai*. Sa carrière s'apparente à la trajectoire d'un météore qui, après avoir traversé avec éclat le ciel hollywoodien, se trouve sur le point de plonger dans un trou noir. Welles est prêt à tout pour retrouver le chemin des plateaux, y compris à tourner, comme il vient de le faire deux mois plus tôt, dans le temps record de vingt-trois jours, un *Macbeth* pour la Republic, une petite compagnie qui avait produit jusque-là des westerns musicaux.

En débarquant en Italie, Welles abandonne son passé derrière lui. Les films de Hollywood, les impôts, les dettes, l'argent aussi, celui qu'il dépensait sans compter et celui qui lui manque toujours pour monter ses films. A 32 ans, il a déjà vécu plusieurs vies. Mais en Italie il est surtout connu pour son mariage avec Rita Hayworth. C'est avant tout son apparence qui frappe les esprits au moment de son arrivée à Rome : les cheveux décoiffés, les yeux rouges, la fine moustache qu'il s'est laissé pousser, et le gardénia qu'il arbore à la boutonnière. Il n'a rien emporté avec lui si ce n'est plusieurs boîtes de Dexedrine et de Proloid, deux médicaments qui limitent sa prise de poids et sont impossibles à trouver en Europe. Welles est venu à Rome tourner le film de Gregory Ratoff, *Cagliostro* *. Le réalisateur de *Citizen Kane* y interprète le rôle-titre de Joseph Balsamo, comte de Cagliostro. Il a suffi d'une phrase au téléphone à Gregory Ratoff pour convaincre Welles : « Cagliostro ! Pensez-y ! Chevalier ! Magicien ! Amant ! » Les motivations de Welles sont plus prosaïques. L'argent de son cachet doit lui permettre de financer les repérages d'*Othello*. Gregory Ratoff est un ancien soldat du tsar émigré aux Etats-Unis où il s'impose dans le théâtre yiddish. Arrivé par accident à Hollywood, il devient l'amuseur de Darryl Zanuck, le patron de la Fox. Ratoff jouait au gin-rummy avec tous les grands producteurs, et comme il perdait, ils le mettaient dans tous leurs films pour récupérer leur argent. Ratoff a embauché pour ainsi dire tous les Russes d'Europe de l'Ouest sur *Cagliostro*, dont il a exigé la présence par contrat. Parmi eux, l'acteur Akim Tamiroff, qui ne quittera plus jamais Welles par la suite, le décorateur

Georges Annenkov, deux criminels de guerre soviétiques et Michal Waszynski. Embauché au titre d'interprète russe-italien, sa tâche s'avère bien nébuleuse puisque sur le plateau absolument personne, mis à part Welles, ne parle italien ou anglais !

Rome possède un pouvoir d'attraction irrésistible sur cette colonie d'Europe centrale. Ratoff délaisse régulièrement le plateau de son film pour les ruines romaines, et Welles devra mettre en scène plusieurs scènes du film et assurer le montage final. Welles et Waszynski ont un coup de foudre l'un pour l'autre. « Ils pouvaient passer des soirées entières ensemble à se raconter leurs histoires, se souvient Giorgio Dickmann. Ils avaient passé une nuit entière à évoquer un village italien, San Pietro Burgo, qu'ils prétendaient chacun très bien connaître. Je parle d'une connaissance précise : nombre d'habitants, économie locale, écrivains issus de l'endroit. Puis tout au bout de la nuit, ils se sont mis à rigoler. Ce village n'avait jamais existé. Une chose est certaine pourtant. A Rome, Orson ne faisait jamais le moindre pas sans demander son avis à Mike. » L'attirance de Welles pour Waszynski repose sur un ressort assez simple. Welles rêve de devenir un juif d'Europe centrale, un artiste errant au passé mystérieux. Son adaptation du *Procès* de Kafka en 1963, son personnage de Monsieur Arkadin dans *Confidential Report* (1955) traduisent une attirance pour la mythologie du juif d'Europe centrale, voire une identification avec elle. Il admire Waszynski pour *Le Dibbouk*. Il envie son parcours d'expatrié et se montre fasciné par les récits enflammés où il relate son passage au théâtre d'Art de Moscou. Welles a l'impression d'embrasser toute la culture yiddish à travers Waszynski, culture envers laquelle il témoignera toujours un immense respect, au point de se définir plus tard, dans un livre d'entretiens avec Peter Bogdanovich, comme un spécialiste de la culture yiddish : « J'aurais aimé qu'ils [les Israéliens] n'abandonnent pas la culture yiddish dont je suis un fervent amateur » ; « Grands dieux, je suis un véritable spécialiste du théâtre yiddish. (...) il y avait des théâtres yiddish partout, à Londres, Paris, Rome, Buenos Aires. C'était le seul théâtre international. Le cinéma est le deuxième. Le premier, c'était le théâtre yiddish, car il y a des communautés yiddish dans le monde entier. Maurice Schwartz, Jacob Adler, Max Gabel... et les autres jouaient dans le monde entier. Et partout où ils allaient, il y avait un de leurs fils naturels qui leur disait : "Bonjour papa ! Cela fait bien deux ou trois ans que je ne t'ai vu !" On pourrait faire un film formidable sur le vieux théâtre yiddish. » Waszynski n'est que trop pressé d'en finir avec son passé de juif et d'embrasser le catholicisme. Il est l'exact symétrique de Welles. Cette attirance symbolique devient intime. On le sait, Welles a toujours eu un complexe vis-à-vis de son nez, qu'il trouvait trop petit, trop mignon, ridicule. Dans les archives de Waszynski on retrouve une lettre datée du 7 décembre 1947, envoyée à l'hôtel Excelsior de Rome où résidait Welles durant le tournage de *Cagliostro*, pour l'avertir qu'un colis avec des nez postiches doit arriver à la réception, et « qu'ils peuvent être utilisés sept ou huit fois si Orson fait attention en les retirant ». Il est également fait mention d'un arrivage de boîtes de Dexedrine et de Proloid.

Lorsque Welles s'apprête à commencer en septembre 1948, avec ses fonds propres, le tournage d'*Othello* à Venise avec Léa Padovani dans le rôle de Desdémone (elle sera plus tard remplacée par l'Américaine Betsy Blair, puis par Suzanne Cloutier), il demande à

Waszynski de lui donner un coup de main, principalement pour les repérages dans une ville que Welles connaît moins bien que son ami. Welles a également élu domicile chez son collègue polonais. Le réalisateur américain vient de passer l'année écoulée à accepter des travaux alimentaires pour financer *Othello*, dont un scénario pour un film français, *Portrait d'un assassin*, avec Erich von Stroheim et Arletty. Waszynski présente Welles au producteur Montatori Scalera. Séduit par le projet, celui-ci donne son accord pour couvrir la majeure partie du budget du film. Welles propose naturellement à Waszynski de devenir son assistant sur sa production. On peut également tenir pour probable l'aide décisive de Waszynski dans l'engagement de Welles pour le rôle de Cesare Borgia dans *Echec à Borgia* qu'Henry King tourne à Rome durant la même période. Tyrone Power, la vedette du film, et Milton Krims le scénariste sont deux amis intimes de Waszynski. Celui-ci était l'un des témoins du mariage religieux de Tyrone Power avec Linda Christian qui s'est déroulé dans une chapelle près du Forum quelques jours avant le début du tournage d'*Echec à Borgia*. Power enterre même sa vie de garçon dans la demeure d'un des amis de Waszynski, le comte Rudi Crespi. Le mariage religieux de Tyrone Power est presque jour de fête nationale à Rome. Il se déroule alors qu'une foule en liesse attend patiemment la star américaine à la sortie de la cérémonie. Waszynski s'est arrangé pour que le pape Pie XII reçoive Tyrone Power en fin de journée et le bénisse. L'entrevue est d'autant plus facile à organiser que le pape est sensible à la compagnie des étoiles du show-business. « Je suis heureux d'apprendre, leur dit le pape, que vous avez choisi notre pays pour votre union. Le monde entier vous regarde. L'industrie du cinéma peut faire beaucoup de bien, mais elle donne de bien mauvais exemples. Vous devez montrer à tout le monde ce que signifie un mariage catholique. » Waszynski vient pour la première fois de trouver la route du Vatican. Il saura la retrouver plus tard. Pour son plus grand bien.

Les cent mille dollars qu'il touche pour son rôle dans *Echec à Borgia* permettent à Welles de boucler le financement d'*Othello*. Le réalisateur américain touche enfin au but : réaliser un film hors du système hollywoodien, sans se trouver exposé à la tyrannie des producteurs qui ont massacré le montage de *La Splendeur des Amberson* et arrêté le tournage de *It's all true*.

La participation de Waszynski à *Othello* est simple à évaluer. L'acteur irlandais Micheal Mac Liammoir, qui incarne Iago dans le film, a consigné ses souvenirs dans un journal de tournage intitulé *Put Money in thy Purse*. Michal Waszynski occupe une place de choix dans le récit. Baptisé « Docteur Mihail Waschinsky », présenté comme « un réalisateur polonais d'une distinction hors du commun », il apparaît pour la première fois dans le journal le 31 mai 1949. Il quitte, selon Micheal Mac Liammoir, le tournage le 17 novembre de la même année. Ces dates sont tout à fait cohérentes. Début 1949, Waszynski accepte de s'occuper de la direction artistique de *Guglielmo Tell** de Giuseppe Pastroni, une version filmée des célèbres aventures du héros national suisse. Waszynski travaille là pour la dernière fois sur un film italien. Il rejoint Welles quand ce dernier semble avoir bouclé, au printemps 1949, son financement à Rome avec Scalera. Et il quitte le tournage d'*Othello* lorsque Welles se retrouve à nouveau à court d'argent. A la date du 31 mai donc, Mac Liammoir écrit : « Waszynski est un charmeur de première classe, il passe indifféremment de l'allemand à l'anglais puis de l'anglais à l'allemand, le tout avec un fort accent polonais et avec des pointes d'italien et de français ; il est à l'aise dans au moins cinq langues, mais n'en maîtrise vraiment aucune. Comme moi aussi, bien qu'étant un peu effrayé par les déboires récents d'*Othello*, il n'a pas la moindre intention de laisser le film le priver des plaisirs de la vie. Nous avons pris plusieurs verres ensemble et échangé nos souvenirs sur l'Italie avant guerre, Berlin avant Hitler, le théâtre avant l'arrivée du cinéma ; et Orson avant *Othello*, pour ne rien cacher non plus d'*Othello* avant Orson. »

Après un bref passage à Paris, Waszynski et toute l'équipe du film partent rejoindre Orson Welles à Essaouira, une cité fortifiée située sur la côte atlantique du Maroc. Welles a prévu de tourner la plus grande partie de son film dans ce qu'il appelle un « trou perdu ». Le tournage commence le 19 juin. Deux jours plus tard, Welles reçoit un télégramme disant que les costumes ne lui parviendront pas car ils ne sont pas terminés. Le lendemain, un télégramme lui annonce qu'ils ne sont même pas commencés. Et ensuite, un troisième télégramme lui apprend que Scalera, son producteur, est en faillite. Circonstance aggravante, Scalera croyait financer l'*Othello* de Verdi, pas celui de Shakespeare.

Welles se retrouve à Essaouira avec une équipe de cinquante personnes et pas un sou. Mais il a de la pellicule et des caméras. Seulement, comment tourner *Othello* sans costumes ? Welles pense immédiatement à la séquence du bain maure, car dans un hammam, point besoin de costumes. Waszynski s'emploie corps et âme dans cette séquence. A la date du 20 juin, il harangue en italien et en anglais les figurants marocains. Pour meubler les soirées, le réalisateur polonais danse la mazurka pour détendre son équipe. Waszynski ne dédaigne pas les bouteilles de vin. Après s'être séparé de Lea Padovani, Welles a engagé la comédienne américaine Betsy Blair. Celle qui est alors la compagne de Gene Kelly et va se retrouver sur la « liste noire » du sénateur Joseph McCarthy ne tournera que deux semaines avant d'être remplacée par Suzanne Cloutier. Betsy Blair est également aujourd'hui la seule survivante du tournage d'*Othello*. « Waszynski était particulièrement à l'aise, il s'occupait des Arabes de la casbah comme un diplomate, j'ai l'impression qu'il leur donnait un peu d'argent pour s'assurer que le tournage se déroulerait en toute tranquillité. A Paris, Alexandre Trauner, le décorateur du film, m'avait avertie que Waszynski était plus qu'un assistant, certainement pas quelqu'un qui était là pour donner son stylo à Orson. J'ai vu Mischa distribuer plusieurs enveloppes d'argent à Essaouira. Orson se reposait beaucoup sur lui et l'utilisait pour trouver des filles ou de l'alcool. Je me souviens aussi que Mischa s'était rendu dans les montagnes de l'Atlas pour chercher des costumes en cuir pour le film. La plupart des artisans étaient juifs et Orson s'était dit que Mischa saurait négocier avec eux. Je suis certaine que Welles connaissait tout du passé de Mischa, mais il restait très secret. Waszynski se faisait passer pour prince, et il était très crédible. Je me suis dit que c'était très possible. J'étais jeune et de gauche. L'idée qu'un prince puisse devenir assistant me séduisait assez. Il incarnait la vieille Europe dans toute sa splendeur. Son accent anglais était charmant, mâtiné de français. Waszynski était en djellaba, sans doute pour cacher son embonpoint, ou en costume, et toujours impeccablement habillé. »

La légende du tournage d'*Othello* commence

artes postales de Kovel au début du XXe siècle,
bourg de Volhynie d'où est issu Michal Waszynski.

célèbre danse des morts, point d'orgue du *Dibbouk* (1937).

Waszynski durant la Deuxième Guerre quand il parcourait le Proche-Orient dans les rangs de l'armée Anders.

Anna Magnani avec Waszynski sur le plateau de *L'Inconnu de Saint-Marin* (1946).

Photo de tournage d'*Othello* dédicacée par Orson Welles à Waszynski que l'on aperçoit juste derrière le réalisateur américain. Waszynski prétendra plus tard avoir coréalisé le film.

Avec Audrey Hepburn sur le tournage de *Vacances romaines* (1953) de William Wyler. Waszynski est le premier à avoir repéré la future star.

Waszynski se promène avec Gregory Peck, la vedette de *Vacances romaines*.

Photo dédicacée de Joseph L. Mankiewicz à Waszynski.
Ce dernier était en charge du casting de *La Comtesse aux pieds nus* (1954) et de la production d'*Un américain bien tranquille* (1957)

Le « Prince » devant de fausses couvertures de *Time* et de *Life* où il apparaît.

Avec Charlton Heston, sur le plateau du *Cid* (1961) d'Anthony Mann.

Conférence de presse en 196
pour annoncer la mise en chan
tier du *Plus Grand Cirque d
monde*. Franck Capra entour
par Samuel Bronston et Was
zynski devait en assurer l
réalisation. Il sera remplac
quelques mois plus tard pa
Henry Hathaway.

Première à Londres le 6 m
1963 des *55 Jours de Pékin* d
Nicholas Ray. Waszynski appa
raît en compagnie du réalisa
teur, de la famille royale e
d'Ava Gardner.

/aszynski contemple avec Samuel ronston l'un des décors les lus chers de l'histoire du ciné-ıa : le forum de *La Chute de 'Empire romain* (1963).

n compagnie d'Alec Guinness, une des vedettes de *La Chute e l'Empire romain*.

aszynski en 1963 reçoit la and-croix d'Isabelle la Catho-que.

Waszynski prend le thé en compagnie de James Mason et Sophia Loren, deux des vedettes d
La Chute de l'Empire romain.

Accompagné de Samuel Brons ton et de Sophia Loren, Wa zynski admire la maquette d forum de *La Chute de l'Empi romain.* Ce décor coûtera plu cher à construire que le Colisé

à prendre corps. Là où d'autres, devant la somme des difficultés, auraient renoncé, Orson Welles s'entête. Le tournage de la séquence du bain lui permet de laisser travailler son décorateur Alexandre Trauner. Les costumiers, recrutés parmi les artisans de la ville, fabriquent des armures faites de boîtes de sardines clouées ensemble et suspendues au cou des soldats. Il tient du paradoxe d'évoquer *Othello* à travers un seul lieu, tant l'ubiquité préside à ce film où l'on saute allègrement d'un continent à l'autre au détour d'une phrase. Faute de moyens, Welles a monté le matériau disparate de son tournage au long cours comme on cloue les tréteaux d'une gigantesque scène utopique : la Chypre de la pièce sera donc ce non-lieu composite. Essaouira sortira magnifiée d'être ainsi prolongée, pour les seuls extérieurs, par des pans de forteresse du port voisin de Safi puis des canaux de Venise où prendra fin la collaboration de Michal Waszynski.

Essaouira est devenue aujourd'hui un lieu de culte officiel pour les pèlerins d'Orson Welles. Il y a la plaque commémorative, puis une galerie du Bar des Iles où l'équipe d'*Othello* avait à l'époque établi ses quartiers généraux.

Des photos en noir et blanc du tournage trônent dans une galerie. Sur l'une d'elles, on reconnaît Waszynski de dos. Sa veste à carreaux noirs et blancs et ses cheveux impeccablement tirés en arrière ne laissent aucun doute. C'est bien le réalisateur polonais qui donne ici l'accolade à Welles.

Waszynski réapparaît le 9 août dans le journal de Mac Liammoir. « Waszynski a sonné à ma chambre du Lido et nous sommes allés déjeuner avec lui et sa grande amie, la comtesse Di Frasso. (...) C'est un bonheur de retrouver Waszynski, aussi vif, aussi intelligent, et tout de blanc vêtu. » A la date du 30 août, alors que le tournage vient de reprendre à Rome, Waszynski s'en prend à Suzanne Cloutier, la Desdémone de Welles, qu'il traite de « Lucrèce Borgia miniature ». Waszynski est chargé par Welles de dénicher en Toscane une villa où il pourrait tourner les intérieurs du palais d'*Othello*. Le réalisateur polonais la trouve à Viterbe où l'équipe tourne du 23 octobre au 1er novembre. Sur place, Waszynski fait remarquer à Welles que son *Othello* a une fâcheuse tendance à appuyer trop fréquemment sur ses sourcils. Mac Liammoir est invité après cette semaine de tournage à

Rome chez Waszynski. « Waszynski m'a prêté sa voiture et son chauffeur Angelo. J'ai frôlé la mort à plusieurs reprises tant il apparaît que les Romains privilégient la vitesse sur la vie humaine. (...) L'appartement de Waszynski est entretenu avec un soin exemplaire grâce au talent de sa femme de chambre. Les pièces somptueuses, polonaises, françaises et italiennes, sont alignées les unes après les autres. Elles traduisent un goût exquis. » Waszynski apparaît pour la dernière fois à la date du 17 novembre à Venise pour filmer des plans de seconde équipe. Le réalisateur du *Dibbouk* n'est pas peu fier de reprendre la main. « Ce plan d'une gondole vaut bien une toile de Véronèse », déclare-t-il. Pressé par l'argent, Welles interrompt encore le tournage, puis le reprend de janvier à septembre 1950. Le montage durera presque deux ans. *Othello* remportera la palme d'or au festival de Cannes en 1952, mais ne sera distribué qu'en 1955.

Bien plus tard, Waszynski laissera entendre à plusieurs membres de l'équipe de Samuel Bronston qu'il aurait en fait coréalisé *Othello* avec Welles. S'il exagère, il ne ment pas tout à fait. Les deux hommes se croiseront plus tard à plusieurs reprises. En 1960, Waszynski demande à Welles de prêter sa voix pour lire le texte d'introduction du *Roi des rois* de Nicholas Ray, une nouvelle version des Evangiles revue par le réalisateur de *La Fureur de vivre*. En 1962, traversant les décors somptueux des *55 Jours de Pékin*, Charlton Heston, engagé à grands frais par Samuel Bronston et Michal Waszynski, fait venir Welles pour lui proposer de tourner un polar. Enfin, de manière encore plus étrange, Welles assure en août 1985 le commentaire de *Almonds and Raisins*, un documentaire sur le cinéma yiddish réalisé par Russ Karel et diffusé sur la chaîne américaine PBS. « *Le Dibbouk* est le film le plus fascinant de l'histoire du cinéma yiddish. Comment peut-on avoir produit un film aussi hanté, à ce point mortifère, deux ans avant le début de la guerre ? » se demande Welles. Se souvient-il seulement à cet instant que *Le Dibbouk*, devenu ici un film anonyme, sans metteur en scène, a pourtant été réalisé par l'assistant d'*Othello* ?

Alors qu'il abandonne à son sort l'équipe de ce film – que Welles ne terminera qu'en mars de l'année suivante –, Waszynski jouit pleinement de la dolce vita romaine. Mervyn LeRoy l'engage sur un coup de tête en mai 1950 pour effectuer le casting de *Quo Vadis* *. Le réalisateur de *Little Caesar* est séduit par l'humour de Waszynski et par son réseau romain, qui s'étend désormais jusqu'au Vatican. « Est-ce que ça vous semble une bonne idée de tourner un péplum ? » demande LeRoy. Waszynski : « Vous savez, la Bible se vend formidablement bien depuis plusieurs siècles. Pourquoi ne pas capitaliser sur deux mille ans de publicité gratuite ? »

Cette nouvelle adaptation du roman d'Henryk Sienkiewicz prend pour toile de fond le martyr des premiers chrétiens et l'incendie de Rome par Néron. Elle promet d'être, avec un budget de douze millions de dollars, l'une des productions les plus ambitieuses entreprises par Hollywood. Le plan de travail est démentiel, avec six mois de tournage jusqu'à novembre 1950. Robert Taylor, Peter Ustinov et Deborah Kerr héritent des rôles principaux. Pour le rôle féminin principal, celui d'une jeune chrétienne qui conquiert le cœur d'un chef de guerre romain, Waszynski tente d'imposer une jeune inconnue du nom d'Audrey Hepburn. Enthousiasmé par ses essais, Mervyn LeRoy donne son accord. La MGM, rétive, impose Deborah Kerr.

Waszynski place plusieurs de ses fréquentations parmi les figurants. Entre autres, la comtesse Bucci-Casara.

Waszynski intervient également auprès du pape Pie XII pour lui demander d'accorder une audience à Mervyn LeRoy. L'entrevue, relatée par LeRoy dans ses mémoires, est inoubliable. Le pape donne sa bénédiction au film (il deviendra un énorme succès au box-office avec vingt-cinq millions de dollars de recettes), repère l'étoile de David que LeRoy porte au cou, « C'est bien, lui dit-il, la religion juive est très proche de la religion catholique », puis lui parle de son film préféré, *La Route semée d'étoiles* de Leo McCarey, avec son personnage de prêtre alcoolique.

Du tournage de *Quo Vadis*, Michal Waszynski garde une idée fixe : Audrey Hepburn. Selon Zofia Wilczynska qui lui rend visite à Rome en janvier 1951, il ne se remet pas de n'avoir pu imposer le jeune mannequin dans le film. « C'était le grand truc de Mischa avec les stars féminines. Une fois convaincu de leur potentiel – je l'avais bien vu en Pologne –, il les mettait sur un piédestal. Comme beaucoup de femmes d'ailleurs, car il ne touchait qu'aux hommes. Hepburn était un nom parmi tant d'autres pour moi, et pour lui c'était la grande star. Mischa habitait dans le palais romain de son ex-femme, maintenant décédée. Je lui avais apporté des programmes de cinéma polonais, car il s'intéressait à ce qui se passait là-bas. Il se plaignait ouvertement à son majordome et à ses employés de maison de ne pas avoir assez d'amis à Rome. Il avait appris à son secrétaire à répondre en polonais pour atténuer son mal du pays. Il était d'ailleurs très accueillant avec les Polonais qui passaient par Rome. »

Waszynski va pouvoir exorciser son complexe Hepburn en obtenant en septembre le poste de directeur artistique de *Vacances romaines*, de William Wyler. La direction artistique se limite surtout ici à effectuer des repérages dans la capitale italienne et à trouver les lieux les mieux adaptés à la brève histoire d'amour entre le journaliste interprété par Gregory Peck et la princesse à laquelle Audrey Hepburn prêtera ses traits. William Wyler hésite pour ce rôle entre deux connaissances de Waszynski, Suzanne Cloutier et Audrey Hepburn. Le test époustouflant effectué par cette dernière en octobre suscite l'enthousiasme de la Paramount. Le rêve secret de Waszynski est finalement exaucé : faire d'Audrey Hepburn une star. William Wyler tourne *Vacances romaines* durant le premier semestre 1952. Waszynski enchaîne début 1953 avec le tournage à Naples du *Maître de Don Juan* * de Milton Krims, avec Errol Flynn et Gina Lollobrigida. Flynn essaie alors de refaire une carrière en Europe. Waszynski prend en charge la direction artistique.

Le film a aussi besoin d'un spécialiste en ressources humaines, dont l'absence se fait durement ressentir. Vexé de ne pas remporter les suffrages de Gina Lollobrigida, Flynn la traite en permanence de « vierge professionnelle ». La vedette de *Robin des Bois* n'a toujours pas réglé ses problèmes de drogue. Il ne peut pas se lever le matin sans avoir bu sa bouteille de vodka.

Plus vulnérable dans la vie que dans ses films, Flynn s'écroule en février à Rome en plein tournage. Le médecin de l'hôpital estime qu'il n'a pratiquement plus aucune chance de s'en sortir. Dix jours plus tard, Flynn se remet au travail. Il promet d'arrêter la drogue et les femmes. Il découvre avec autant d'ardeur les nuits romaines avec Waszynski, qui lui présente le roi Farouk, lequel devient le compagnon de soirée de la vedette américaine.

Waszynski parvient à suffisamment amuser Flynn pour obtenir le casting et la direction artistique de sa nouvelle production, *Guillaume Tell**. Il se charge d'engager des acteurs italiens de renom, Antonella Lualdi, Massimo Serato, Aldo Fabrizi, Vira Silenti. Il est accompagné également d'une secrétaire de production, Rosemary Matthews, qui deviendra en 1962 l'épouse de Joseph L. Mankiewicz. La réalisation est confiée à Jack Cardiff, le directeur de la photo du *Maître de Don Juan.*

Les financiers ont du mal à s'intéresser à *Guillaume Tell* et à sa vedette héroïnomane et alcoolique. Intrigué, le producteur Alexandre Salkind investit 50 000 dollars. Le comte Fossataro, ancien chef de la police de Naples, investit un montant identique, et obtient 145 000 dollars d'aides du gouvernement italien. Flynn investit personnellement 430 000 dollars et prend en charge le matériel et les frais d'assurance et de laboratoire. Le tournage débute en juin 1953 à Courmayeur dans les Alpes italiennes. « Flynn, se souvient Jack Cardiff, croyait énormément au projet. Il lui semblait qu'en engageant une vedette italienne, une débutante avec un grand avenir, il aurait un succès assuré. J'avais chargé

Waszynski de la mission. Quelques jours plus tard, il me ramène une fille nommée Sofia Scicolone. Elle avait été figurante sur *Quo Vadis* où Waszynski l'avait repérée. Il croyait dur comme fer à son potentiel. Elle avait dix-huit ans, était très grande, timide, et possédait un trait accentué par son anglais hésitant. Ses yeux m'ont tout de suite plu. Des yeux qu'aucun homme ne pouvait oublier. Et puis il y avait son nez aquilin et ses lèvres pulpeuses. J'avais l'impression de me trouver en face d'une Madone. Elle avait l'étoffe d'une star, et nous avons immédiatement décidé avec Mike de lui faire effectuer un test. Je l'ai habillée avec une robe de soie noire, et elle était sublime. Nous avons montré, Mike et moi, les essais à Flynn. Je m'attendais à ce qu'il grimpe au plafond. La fille possédait un glamour à la Rita Hayworth, et il y avait ces gros plans sur ses yeux incroyables. Seulement voilà, Errol était encore plus ivre que d'habitude. Après tout, son idole était John Barrymore, que l'alcool avait littéralement tué. "Voilà comment j'aimerais partir, Jack", me disait-il. Il marchait assurément sur les traces de son modèle. Je m'attendais à une réaction enthousiaste d'Errol devant le test, mais là : "Désolé, je ne vois rien chez cette fille, mais alors rien du tout." Waszynski lui a dit : "Errol, donne-toi le temps de la réflexion. Cette fille peut devenir une immense star. Elle te signerait un contrat à seulement soixante dollars par semaine." Même à l'époque, il s'agissait d'une somme ridicule. Mais Errol ne voulait pas en entendre parler et l'affaire en est restée là. La fille de 18 ans a changé de nom peu après le test, et signé avec un producteur italien, Carlo Ponti. Elle s'appelait désormais Sophia Loren. »

Le tournage de *Guillaume Tell* est interrompu après trois semaines de tournage. Les chèques signés par le comte Fossataro sont en bois. L'équipe du film attend patiemment à Courmayeur un repreneur qui pourrait être la United Artists. Waszynski, fort de l'expérience du tournage d'*Othello*, leur explique qu'un miracle reste toujours possible. Pourtant, fin août, le tournage s'arrête pour de bon. L'hôtel Bourbon, où réside l'équipe du film, refuse de laisser celle-ci partir tant qu'elle n'a pas réglé son séjour. C'est manifestement trop demander. Cette équipe ne possède pas le premier sou pour se rendre ne serait-ce qu'à Rome. Le syndicat des acteurs italiens débloque des fonds qui lui permettront de rejoindre la capitale italienne. « Fossataro nous a finalement payé environ 20 % de ce qu'il nous devait, explique Rosemary Matthews-Mankiewicz. Mais nous étions fauchés à Rome, et on avait tous travaillé pour rien. A ce moment-là, c'était en octobre je crois, Joseph L. Mankiewicz débarquait à Rome. Et il reprenait toute l'équipe de *Guillaume Tell* pour tourner *La Comtesse aux pieds nus* *. Mike est devenu producteur associé sur le film. Il a pensé que ma connaissance de l'italien permettrait d'aider Joe. C'est ainsi que nous nous sommes rencontrés. Ensuite Joe m'a chargée de superviser sur le film les dialogues anglais de Rossano Brazzi et Valentina Cortese. »

Jack Cardiff : « Mike Waszynski m'avait aidé à supporter un peu mieux l'intermède romain. Sa demeure romaine était somptueuse. Il y avait juste une chose chez lui : il était hors de question d'aborder le passé. J'étais vraiment fauché à Rome. J'ai même dû brader mes volumes de l'*Encyclopædia Britannica* pour m'en sortir. J'étais un soir dans un restaurant. Mankiewicz est venu m'aborder. Il m'a annoncé qu'il allait tourner *La Comtesse aux pieds nus* avec Ava Gardner et Humphrey Bogart.

"Ne sois pas idiot, m'a-t-il dit. Oublie *Guillaume Tell*, c'est fini. Viens t'occuper de la photo de mon film. Cela ne pourra que te faire du bien." »

Le tournage de *La Comtesse aux pieds nus* se déroule entre janvier et avril 1954. L'apport de Waszynski est réduit, mais réel. Mankiewicz s'appuie sur un des domaines de compétence de son producteur associé : la connaissance du milieu aristocrate romain. Dans la célèbre séquence du mariage d'Ava Gardner avec le comte Torlato-Favrini, Waszynski fait appel à tous ses amis aristocrates pour leur demander d'y participer. Rosemary Matthews-Mankiewicz : « On avait une séquence d'aristocrates interprétée par des aristocrates. En plus, tous ont adoré se retrouver devant la caméra. Mon mari avait un nom polonais, ce qui plaisait beaucoup à Mike. Joe l'adorait. On se moquait tous de son anglais, à tel point qu'on ne se donnait même plus la peine de le corriger. Mike nous laissait entendre qu'il était un prince, ce qui amusait beaucoup Joe. "Des princes juifs, me disait-il, je n'en connais pas beaucoup, il faut remonter à la Bible, et Waszynski n'est quand même pas le lointain cousin du roi Salomon." La demeure romaine de Waszynski était splendide. Il avait un goût incroyable en art, avec chez lui des œuvres de toute beauté. Je me souviens d'avoir mangé très souvent de la cuisine russe et polonaise chez lui. Il adorait l'Europe. Il était allé une seule fois aux Etats-Unis à ma connaissance, où il prétendait avoir suivi des cours de grand banditisme dans le Bronx. »

Waszynski devient l'un des rouages essentiels de Figaro Inc., la maison de production de Mankiewicz, créée en avril 1953, financée par United Artists, et sous la bannière de laquelle a été produit *La Comtesse aux pieds nus*. Le succès du film est tel que United Artists renouvelle en juin 1955 ses accords avec Figaro Inc. Celle-ci s'engage à produire neuf films sur les quatre prochaines années, dont cinq doivent être réalisés par Mankiewicz. Ce dernier s'apprête à produire, en Espagne, une vie de Goya, qui ne sera jamais tournée, et une d'Alexandre le Grand qui, elle, sera produite. Waszynski fait partie du voyage à Madrid. Et là, il rencontre l'homme de sa vie.

5

L'homme de sa vie

Devenu l'ami intime de Joseph L. Mankiewicz, Waszynski est chargé en 1955 du casting de la nouvelle production Figaro, *Alexandre le Grand* *, confiée à Robert Rossen, et dont le tournage est prévu en Espagne. Robert Rossen avait commencé dès 1952 à travailler sur la biographie du célèbre conquérant, louant pour lui et sa famille une maison dans le Connecticut afin de ne pas être trop loin ni de New York ni de l'université Yale. Il lit Plutarque, Pline et Curtius. A la suite de ses premières recherches, il se rend en Europe et travaille à Madrid, Londres, Athènes, puis Rome où il fait la connaissance de Waszynski. Ce dernier l'oriente dans ses recherches et lui conseille la lecture d'Aristote pour affiner sa connaissance d'Alexandre le Grand. Rossen insiste beaucoup pour engager Richard Burton, le seul comédien capable à son sens d'incarner cet Alexandre idéaliste et despotique, enthousiaste et inquiétant qu'il entend mettre en scène. Waszynski supervise l'engagement de plusieurs vétérans du théâtre britannique, dont Stanley Baker. Waszynski insiste aussi beaucoup auprès de Robert Rossen sur les costumes, voulant que ceux-ci soient avant tout des vêtements que les acteurs puissent porter naturellement et pas seulement de séduisantes parures.

Waszynski est également devenu très ami avec l'un des coproducteurs de *La Comtesse aux pieds nus*, Robert Haggiag, qui va désormais lier une partie de son sort au réalisateur polonais. En Espagne, se trouve un certain Samuel Bronston, un producteur raté, qui croit pourtant dur comme fer en sa bonne étoile. Bronston sent que cette terre franquiste peut lui offrir des opportunités dont il n'aurait jamais pu rêver à Hollywood. Robert Haggiag pense que Waszynski et Bronston peuvent former un duo efficace. « Waszynski était un homme formidable, d'une immense culture se souvient Haggiag qui en parle encore sans nuances, comme s'il s'agissait d'un saint. Il était avec moi sur *La Comtesse aux pieds nus* et déjà là, j'avais compris qu'il avait toutes les qualités pour devenir un producteur exceptionnel. Avec lui, Bronston a rencontré quelqu'un qui connaissait vraiment le cinéma. Cela ne tiendrait qu'à moi, je lui redonnerais du travail aujourd'hui. »

Robert Haggiag trouve un intérêt direct à placer l'un de ses hommes aux côtés de Bronston. Dorothea, l'ex-femme d'Haggiag, une ancienne chanteuse et mannequin, s'est remariée deux ans plus tôt avec Bronston. Si le divorce des époux Haggiag s'est fait à l'amiable, les termes de l'accord sont tout sauf désintéressés.

Samuel Bronston a rencontré pour la première fois Dorothea Haggiag en 1946 à New York. « Vous êtes la femme la plus séduisante que j'ai rencontrée », lui a-t-il déclaré d'emblée. Dorothea Haggiag succombe à son charme, comme d'autres avant elle, et comme beaucoup d'autres après elle. Sam Bronston divorce de sa première femme. Dorothea, dont le mariage battait déjà sérieusement de l'aile, n'a pas de mal à en faire autant avec Robert Haggiag. Bronston se marie avec Dorothea en

1953 sept ans après leur première rencontre. L'union ne dérange pas le moins du monde Robert Haggiag, trop heureux de se débarrasser d'une épouse qu'il juge « idiote », et de trouver un moyen de se mettre dans la roue de Samuel Bronston. Le règlement du divorce stipule que Robert Haggiag deviendra le distributeur italien des futures productions Bronston et ce sans la moindre contrepartie financière, via sa société Dear Film. Ce mariage à l'italienne inclut, sans que Bronston le réalise, Michal Waszynski.

La manœuvre réussit au-delà des espérances. Bronston a un coup de foudre pour Waszynski. « Il a vu en lui un alter ego, estime William Bronston, le fils aîné de Samuel Bronston. Mischa était, comme mon père, originaire d'Europe de l'Est, parlait russe, était habité par des rêves princiers, et se montrait désireux de bâtir un royaume en reconstituant les fantasmes de la vieille Europe. L'accord avec le milliardaire Pierre Du Pont III assurait à mon père des crédits quasi illimités. L'idée de produire, du *Cid* à *La Chute de l'Empire romain*, les films les plus chers de l'histoire du cinéma relève de cette mégalomanie. En cinq ans, mon père et lui vont bâtir l'unité de production la plus puissante de la planète, à l'exception de Hollywood. Il fallait être fou pour penser à une telle chose, et sacrément talentueux pour la mener à bien. Mischa est vite devenu le bras droit de mon père. Il s'occupera de faire la liaison entre mon père et l'extérieur. Mischa va revêtir une importance considérable à ses yeux. Le lien était presque filial. Michael était un aristocrate, mon père voulait en devenir un. Il était fondamental pour mon père de posséder un carnet d'adresses, et Mischa était un personnage clé, il avait le panache pour plaire à mon père. Ils étaient comme frères, et mon père était très sentimental, au point de sangloter régulièrement. Ils parlaient russe ensemble. Mon père était très amer vis-à-vis de la communauté hollywoodienne, il a souffert d'être un immigrant. Il détestait le système hollywoodien. Mischa était la quintessence du statut, le summum de l'apparence. Comme homme, il incarnait l'esprit d'une aristocratie. Le judaïsme de mon père était caché, il était très sensible à l'antisémitisme. C'est curieux car les Du Pont étaient connus pour leur antisémitisme. On ne se rend pas compte du traumatisme de la génération de mon père et de

Mischa. Pourtant, ils étaient là dans l'Espagne franquiste. Ces deux individus vont se mettre à évoluer dans une espèce de bulle, un peu hors du temps, à l'abri de tout souci matériel, comme si l'argent coulait à flots. »

Shmuel Bronstein de son vrai nom, Sam Bronston est né en 1908 à Ismaïl en Bessarabie, une région située à la frontière de la Russie et de la Roumanie (partie intégrante aujourd'hui de la Moldavie), à une centaine de kilomètres d'Odessa et de Kichinev où s'étaient déroulés en 1903 et en 1905 deux des plus violents pogroms de l'Histoire. Troisième garçon d'une famille de neuf enfants, Sam Bronston reçoit une éducation bourgeoise – son père s'occupait d'une petite salle de cinéma – marquée par une nette tendance à l'assimilation. On parle russe au lieu du yiddish chez lui. Aucun garçon n'a fait sa bar-mitsva. Sam Bronston était le neveu de Lev Bronstein, plus connu sous le nom de Trotski. « C'est un fait établi dans la famille, affirme William Bronston. Il suffit d'ailleurs de prendre une photo de mon grand-père et de Trotski pour réaliser combien la ressemblance est frappante. » Norma Barzman, qui a côtoyé le producteur à Madrid, se souvient de

Bronston attendri à la pensée de son « oncle Lev ». Le futur organisateur de l'Armée rouge se montrait paraît-il adorable avec sa famille. Bronston se souvenait d'un homme qui venait régulièrement les mains pleines de cadeaux pour les fêtes de fin d'année. La famille Bronston quitte la Bessarabie en 1920 quand les Alliés offrent cette région à la Roumanie, pays au moins aussi antisémite que la Russie tsariste, et s'établit à Paris. A en croire la brève biographie dédiée à Bronston dans un livre consacré au tournage du *Cid*, il aurait été musicien après un cycle au conservatoire de Bordeaux, aurait obtenu une licence en science politique, une autre en économie à la Sorbonne, et n'avait pas besoin de dormir la nuit.

Ce dernier point mis à part, car invérifiable, tout est faux dans cette biographie taillée sur mesure. Sam Bronston n'est jamais allé à l'école, encore moins au conservatoire. S'il jouait effectivement de la flûte, c'était dans les rues de Paris pour ramasser un peu d'argent.

Bronston a été en revanche – comme le montre David Rosendorf dans *The Life and Times of Samuel Bronston*, le seul travail à ce jour mené sur la vie du producteur américain –

docker à Marseille, puis photographe, avant de décrocher, au culot, un emploi au bureau parisien de United Artists. Bronston décida à ce moment de tout faire pour devenir l'égal des plus grands producteurs hollywoodiens.

Le passage impromptu de la veuve de Jack London à Paris, en 1935, lui permet de poser la première pierre de son édifice. Charmian London ne parle pas français. Bronston, si. Mais avec un accent russe à couper au couteau. C'est donc sur son charme et sa capacité innée à manier le langage des signes qu'il convainc la veuve de lui confier les droits d'adaptation cinématographique des romans écrits par son mari. Bronston rencontre à cette époque sa première femme, Dony Bogatchek. Une affaire de chèque en bois le contraint à quitter précipitamment la France pour Londres, puis New York. Les deux époux vivent misérablement dans la modeste maison du cousin germain de Dony Bogatchek. Bronston tente, sans succès, de convaincre les banques de lui avancer de l'argent pour adapter au cinéma un roman de Jack London.

Désespéré, il décide de déménager à Los Angeles, où il anglicise l'orthographe de son nom. Bronstein devient Bronston. Ce nouveau patronyme ne change rien. Le nom de Bronston fait fuir les investisseurs. Ce n'est pourtant pas faute d'utiliser son pouvoir de persuasion. Il attire tout de même l'attention d'un épicier de Beverly Hills, venu réclamer son dû après que Bronston lui eut remis un chèque en bois en échange de plusieurs boîtes de caviar. Non seulement l'épicier ne porte pas plainte contre son client, mais il écoute ses sirènes et lui remet plusieurs milliers de dollars contre un pourcentage des bénéfices de sa nouvelle production.

Bronston saisit sa chance en 1939 quand il rencontre Hank Rice, un industriel qui a fait fortune dans le pétrole. Rice injecte quarante mille dollars dans Bronston Productions et lui offre aussi un accès au fils aîné de Franklin D. Roosevelt, James Roosevelt, avec lequel il avait fait son service militaire sur la base navale de San Diego. James Roosevelt souhaite se lancer dans la production. Bronston rencontre le fils du président américain à l'occasion d'une réception donnée dans la maison d'Edward G. Robinson. Ils trouvent rapidement les termes d'un accord. Bronston devient président de Samuel Bronston Productions, Roosevelt est le président de son conseil d'administration.

Cette association ne donne rien. James Roosevelt traîne une réputation de play-boy inconséquent. Le nom de Samuel Bronston, lui, ne dit toujours rien à personne. Leur association se termine prématurément quand Roosevelt rejoint la marine en 1941 après l'attaque japonaise sur Pearl Harbor.

Les initiatives de Bronston parviennent pourtant à capter l'attention de Ben Schulberg, un producteur indépendant affilié à Columbia, et l'une des figures historiques du Hollywood de l'âge d'or où il avait été chef de la production à Paramount dans les années 1920. En proie à de sérieux problèmes d'alcool, Schulberg sort d'une histoire d'amour tumultueuse avec l'actrice Sylvia Sidney. Ce personnage hors du commun se prend d'amitié pour Bronston. Il voit en lui l'image du jeune producteur qu'il était autrefois. Bronston hérite ainsi d'un bureau à Columbia Pictures, et trouve naturellement les fonds pour une adaptation de *Martin Eden* de Jack London, avec Glenn Ford dans le rôle-titre. Le producteur espère tirer avantage des romans de Jack London au rythme d'une adaptation par an. *Martin Eden* sort en février 1942 pour un succès relativement modéré. La deuxième production Bronston, *City Without Men* (*La Cité sans hommes*) – d'après un scénario original du fils de Ben Schulberg, Budd Schulberg, futur auteur de *Sur les quais* d'Elia Kazan–, rencontre un accueil aussi mitigé. Bronston préfère alors voler de ses propres ailes et se lancer dans une biographie filmée de Jack London, avec Michael O'Shea, Susan Hayward et Virginia Mayo. Il lève des fonds chez Lazard Frères, mais le film sorti fin 1944 ne crée pas non plus la sensation au box-office.

Bronston vit son rêve de producteur, sort avec des starlettes, divorce d'avec sa femme, mais se montre toujours incapable de gagner de l'argent. Il croit pourtant toucher au but avec l'acquisition des droits de *Ten Little Indians* (*Dix Petits Nègres*) d'Agatha Christie, pour lequel il envisage de confier la réalisation à Lewis Milestone, l'un des réalisateurs les plus en vue de Hollywood. Ce dernier rêve de tourner une adaptation du roman d'Harry Brown, *A Walk in the Sun* (*Le Commando de la mort*), qui porte un regard réaliste sur une patrouille menée par un commando américain en Italie à la recherche d'un mystérieux objectif. Bronston donne son accord du bout des lèvres. Une vision aussi sèche, dénuée de tout romantisme, de la

Deuxième Guerre mondiale lui semble risquée. Il assure son montage en indépendant, sans arriver à convaincre une grande compagnie. (En fait, United Artists, qui est en train de produire un film comparable, *The Story of GI Joe* [*Les Forçats de la gloire*], avec Robert Mitchum, s'efforce de torpiller le projet.)

Il se passe alors ce qui se passera plus tard sur toutes les productions Bronston. Il sait comment trouver l'argent mais ne parvient jamais à maîtriser les dépenses. Le tournage de *A Walk in the Sun* dépasse rapidement son budget. Bronston doit hypothéquer les droits de *Ten Little Indians* pour remettre la production à flot. Ce n'est pas suffisant. Bronston perd les droits du roman d'Agatha Christie, et doit même abandonner à Milestone ceux de *A Walk in the Sun* pour honorer ses engagements avec les banques.

Sorti en 1945 sous le titre *And Then There Were None*, l'adaptation de *Ten Little Indians* par René Clair se révèle un immense succès. *A Walk in the Sun* fait presque aussi bien. Au lieu d'être riche et célèbre, Bronston finit pauvre et malade dans une chambre d'hôpital à Los Angeles. Il tente un bref retour en 1946 après avoir convaincu un groupe d'investisseurs philippins de financer une version du *Comte de Monte-Cristo* en tagalog! Le film ne sortira jamais aux Etats-Unis et ne cause guère de sensation au box-office philippin. La vie privée de Sam Bronston se trouve également à un tournant. Au bout de cette route se tient Michal Waszynski.

Bronston sent que son avenir va se jouer en Espagne où, en compagnie de ce nouvel ami, mythomane et talentueux, il peut décrocher la lune. Il a l'intuition que l'Europe est en mesure de prendre une place avantageuse dans la nouvelle carte du cinéma, au moment où Hollywood commence à donner des signes d'essoufflement. Il a compris que le système des studios, en vigueur depuis les années 1910, avec sa taylorisation des acteurs, scénaristes et réalisateurs, est sur le point de s'effondrer avec l'arrivée en force de la télévision et l'émancipation des talents, de plus en plus réticents à signer des contrats de longue durée. Les studios pensent que la solution se trouve dans la production de films à grand spectacle, tournés si possible dans le format large du CinémaScope, et à l'étranger, en Italie en particulier, où les coûts de production, avec une main-d'œuvre bon marché, sont moins élevés. Michal Waszynski est depuis longtemps l'un des bénéficiaires anonymes de ce phénomène. Il a, lui aussi, une grande idée derrière la tête. Il ne se contente pas de vivre dans ce système, et caresse de son côté le rêve d'un Hollywood européen, chargé de concurrencer frontalement le Hollywood californien. « Michael était obsédé par l'Europe, assure John Drake Moore. Il se disait que le renouveau du cinéma passait par là. Il rêvait à des films plus grands, plus chers, qui s'appuieraient sur le patrimoine européen. Son fantasme c'était Hollywood en Méditerranée, la résurgence du cinéma le plus prestigieux sur les ruines de la vieille Europe. Et il voyait en Bronston l'homme capable d'incarner tous ses rêves. »

Samuel Bronston voit grand. On ne sait si c'est le personnage d'Alexandre le Grand qui l'inspire, ou la personnalité de Waszynski, mais c'est en Espagne que le producteur originaire de Bessarabie souhaite bâtir ses châteaux. Son projet n'est pas si éloigné de celui de son célèbre oncle. Trotski voulait proposer, à partir de l'URSS, une alternative à l'empire américain. Bronston rêve de construire sur le sol européen un concurrent capable de lutter contre l'hégémonie hollywoodienne.

Waszynski retourne en janvier 1957 à Rome, où Joseph L. Mankiewicz lui propose un emploi de producteur associé sur *Un Américain bien tranquille* *, adapté du roman éponyme de Graham Greene, dont l'action se situe en 1952 en Indochine, et qui dépeint les relations conflictuelles entre un diplomate britannique et un ressortissant américain. La distribution est modeste, Michael Redgrave incarne le diplomate, Audie Murphy l'Américain. Waszynski participe au tournage au Vietnam du 28 janvier jusqu'à fin mars. Les intérieurs sont tournés à Rome jusqu'en mai. « Le rôle de Michael était réduit à sa plus simple expression, estime Rosemary Mankiewicz. Joe lui a fait cette offre pour le remercier, discuter avec lui le soir, et jouer aux échecs. »

Cette tâche menée à bien, Waszynski retourne en Espagne où Bronston a mis au point un montage financier pour produire *John Paul Jones*, qui relate les exploits du héros de l'Indépendance des Etats-Unis, et qui servit la Grande Catherine de Russie avant de participer à la révolte contre l'Angleterre.

Bronston avait dû acquérir quelques bases d'histoire des Etats-Unis pour obtenir la nationalité américaine. C'est donc sur les bancs de l'école qu'il forgea son destin de producteur. Il se dit que la marine américaine apportera tout son soutien à une biographie de John Paul Jones, le fondateur de la flotte nationale, et convainc sans difficulté la Warner de financer le projet. Il a l'intelligence de s'adjoindre le soutien de Chester Nimitz, l'ancien amiral américain. Le nouveau Samuel Bronston, plus patriote que les patriotes, s'assure ainsi le concours d'investisseurs prestigieux comme Nelson et Laurence Rockefeller, C.D. Jackson, l'ancien conseiller militaire du président Eisenhower, et surtout, Pierre Du Pont III.

L'annonce du tournage de *John Paul Jones* en décembre 1957 est un événement pour toute la Navy. Bronston en confie la réalisation à John Farrow, un ancien Marine qui a reçu la croix du Mérite de la marine canadienne. La marine est la passion de John Farrow. Il a même animé dans les années 1930 un séminaire sur l'importance des bateaux à voile dans la guerre navale auquel participait Winston Churchill.

John Farrow a d'autres passions. Parmi celles-ci, un goût prononcé pour l'échangisme, si l'on en croit les mémoires de Robert Stack, la vedette de *John Paul Jones* (plus connu pour ses deux rôles dans *La Ronde de l'aube* et *Ecrit sur du vent* de Douglas Sirk, et son personnage d'Eliot Ness dans la série télévisée *Les Incorruptibles*), et un fervent engouement pour le catholicisme. John Farrow rêve de tourner une vie du Christ. Ce projet suscite un intérêt enthousiaste chez Bronston et Waszynski. Bronston comprend immédiatement que cette nouvelle adaptation des Evangiles constitue le film idéal pour lancer son projet grandiose de construction de studios de cinéma à Madrid.

6

Le prince s'offre un royaume

Michal Waszynski ne sera pas officiellement le chef d'orchestre de ce projet, le rôle étant déjà tenu par Samuel Bronston. Ce dernier a réussi le coup de sa vie. Durant quatre ans, il va pouvoir gérer des budgets colossaux, dont aucun producteur à l'époque n'aurait seulement osé rêver. Pour donner corps à ce rêve il lui faut une bonne âme, un naïf, largement ignorant des finesses de l'économie du cinéma. Ce simple d'esprit existe en la personne de Pierre S. Du Pont III. Héritier d'une des plus riches familles américaines, il a une réputation d'enfant gâté dispendieux. Du Pont était l'un des douze investisseurs de *John Paul Jones*. Sa mise de fonds ne lui a rien rapporté. Il n'a pas non plus perdu d'argent. Son implication dans le film était largement dictée par des raisons idéologiques. Du Pont était sensible au message patriotique du film, et la possibilité de rapatrier des fonds américains gelés en Espagne lui semblait une bonne action. La personnalité de Bronston lui plaît beaucoup. Le producteur sait jouer à merveille sur la fibre patriotique de son futur bienfaiteur.

Les manières de prince de Waszynski ravissent encore davantage Du Pont, qui s'imagine avec des hommes de bonne compagnie, susceptibles d'allier aux fastes hollywoodiens un message moral en harmonie avec sa sensibilité. Le projet d'une vie filmée du Christ avancé par les deux compères l'enthousiasme. Le deal faramineux proposé par Bronston lui fait ouvrir grand les yeux. Du Pont pourrait ainsi faire fortune dans le cinéma sans avancer un centime ! Le marché mis entre ses mains est très alléchant. L'Espagne devait importer tout son pétrole. Or, Du Pont possède ce pétrole, et il ne demande rien de mieux que de le vendre à l'Espagne. Sauf que la monnaie offerte dans cette transaction ne lui sied pas. Les pesetas ne valent rien. Elles ne sont pas convertibles en une autre devise, ce que Bronston sait bien. Il fait la proposition suivante à Du Pont : « Vous vendez votre pétrole à l'Espagne. Vous me donnez les pesetas. Je bâtis un studio de cinéma ultramoderne à Madrid. Je tourne des superproductions en anglais qui seront distribuées dans le monde entier, et vous retirez les bénéfices en dollars, en marks ou en francs suisses, au choix. »

Avec les pesetas bloquées en Espagne, Bronston assurera les frais fixes de sa compagnie. Il a juste besoin de dollars pour payer ses cadres, et les talents (acteurs, réalisateurs, techniciens et scénaristes) qui collaborent à ses films. Bronston propose pour cela de lever des fonds auprès des banques ou des studios hollywoodiens (en échange d'un accord de distribution sur le territoire nord-américain). Il suffit que Du Pont se porte garant sur les emprunts sollicités par Bronston. Pierre Du Pont se porte ainsi caution entre 1959 et 1964 pour trente-cinq millions de dollars (soit l'équivalent de plus de deux cents millions de dollars d'aujourd'hui).

Cet argent n'aurait servi à rien si Bronston et Waszynski n'étaient pas parvenus à vendre cette idée d'un Hollywood madrilène à un gouvernement franquiste qui interdisait toute prise de participation majoritaire à une entreprise étrangère dans ses investissements en Espagne. Le nom de Du Pont, allié à l'entrisme de Waszynski et Bronston, permet d'ouvrir des portes. Les deux hommes commencent par convaincre Gabriel Arias Salgado, le ministre de l'Information et du Tourisme. Ce franquiste fanatique, catholique intégriste, contrôle les investissements étrangers. Pourtant, il se révèle convaincu que sa tâche consiste à « sauver l'âme du peuple », une proie facile pour Bronston et Waszynski. Bronston avait eu l'intelligence de s'associer à John Farrow, catholique fervent, obsédé par la vie du Christ, et décidé depuis toujours à la filmer en Espagne. Waszynski lui fait son numéro de prince polonais catholique collectionneur d'art cultuel, exilé en Italie à cause du régime communiste. Et Salgado sort avec l'idée que Hollywood n'est pas seulement composé d'une bande de métèques sans éducation, mais aussi de gentlemen cultivés, empreints des plus hautes valeurs morales.

Le bref passage de Bronston au Vatican impressionne également le ministre, peu regardant sur les origines juives du producteur. Bronston était devenu en 1952, dans des conditions qui restent à éclaircir, l'employé d'Eternal Films, un distributeur spécialisé dans les documentaires à thème religieux. Bronston tisse ainsi des liens privilégiés avec la papauté, à qui il propose un catalogue filmé des richesses du Vatican. Pour mieux convaincre les membres du Saint-Siège, il en rajoute sur sa foi catholique. Il part à Rome et engage une équipe sur place pour filmer la chapelle Sixtine et d'autres trésors du Vatican. Il semble même que le pape Pie XII lui accorde une audience. Cette opération rapporte peu d'argent à Bronston. Mais elle lui permet d'étoffer ses contacts au Vatican, parmi lesquels le futur pape Jean XXIII. Bronston commence d'ailleurs à cette époque à affirmer avec de plus en plus d'insistance qu'il est à moitié catholique, au point que plusieurs de ses collaborateurs ignorent qu'il est juif. Lorsqu'il demande aux autorités franquistes l'autorisation de s'établir en Espagne, il reçoit un assentiment enthousiaste. Il s'installe avec sa famille dans une maison de onze pièces d'un quartier résidentiel de Madrid. Waszynski fait de même en compagnie de son majordome. « C'était une vraie fierté pour Mike, raconte John Drake Moore, de participer au tournage de la vie du Christ. Il serait arrivé en Terre promise qu'il n'aurait pas été plus heureux. Là, en Espagne, avec l'assentiment de Franco, pour servir les intérêts du catholicisme, il touchait au but. »

Bronston, Waszynski et John Farrow annoncent le 15 septembre 1959 la mise en chantier de leur nouvelle production, désormais intitulée *The Sword and the Cross*. Cependant, le 24 septembre Bronston annonce le départ de John Farrow. La séparation est douloureuse. Bronston est consterné par le scénario du réalisateur, écrit en collaboration avec Eugenio Zolli, un spécialiste des Evangiles converti au catholicisme après avoir officié comme grand rabbin de la synagogue de Rome. La B'nai Brith AntiDefamation League fait part de ses inquiétudes sur le projet et ses tonalités antisémites. Bronston et Waszynski paniquent devant les menaces de l'organisation juive américaine.

Les deux associés avaient déjà pris l'habitude de jouer, en fonction des interlocuteurs, la carte du juif persécuté ou celle du catholique dévot. Bronston organisait durant ses années à Madrid un *seder* de Pessah (le dîner rituel de la Pâque juive) pour ses employés juifs. Michal Waszynski racontait qu'il avait été déporté à Auschwitz pendant la guerre.

Alan Brown et une vieille scénariste hollywoodienne, Sonya Levien, réécrivent le script de John Farrow. Selon Alan Brown, ce scénario n'en est pas vraiment un, « c'était les quatre Evangiles recopiés. Sam m'a dit : "Je ne comprends même pas ce qui est écrit, c'est plein de *thee* et de *thou*" ». Ce bricolage de dernière minute avec des scénarios à moitié finis, réécrits en plein tournage, deviendra la norme des productions Bronston.

En novembre 1959, Nicholas Ray est engagé en remplacement de John Farrow. Michal Waszynski se charge d'envoyer au réalisateur de *La Fureur de vivre* une voiture, et d'offrir un manteau de vison à sa femme. Nicholas Ray fait immédiatement appel à Philip Yordan, avec lequel il n'a plus retravaillé depuis *Johnny Guitar*. Ray voit en lui un auteur d'intrigues très solide, capable de fournir une trame unificatrice et de faire avancer l'histoire. Yordan : « Je reçois un coup de fil de Nick : "Je travaille sur un projet ici mais je n'ai pas de script. Il y a un script mais il est impossible. On ne peut pas commencer." Je ne voulais pas aller en Espagne. Il m'a demandé de venir en week-end. Le film s'appelait *Son of Man* (*Le Fils de l'Homme*), un titre épouvantable, et quelqu'un avait pris des chapitres de la Bible et essayé d'en faire quelque chose, mais c'était affreux. Alors j'ai dit à Sam : "Si vous voulez que je fasse ce film, donnez-moi une part, et je vous livrerai un script, mais pas *Son of Man*, on ne peut pas vendre ça." Et je leur ai dit de l'appeler *King of Kings*, ça a été mon idée. Tout le monde s'écrie : "On ne peut pas l'appeler *King of Kings*, DeMille a déjà fait le film (*The King of Kings*, 1927)." Mais *Le Roi des rois* * est dans le domaine public, c'est un titre qui remonte... je peux vous montrer des livres du XVIIe siècle. Il était question de négocier avec les héritiers de DeMille et de leur donner 10 % de la distribution. Moi, j'ai dit : "Déposez le titre." Je me rappelle que ça a coûté un timbre postal à six cents. Ils l'ont envoyé à la MPAA [1], et personne ne l'avait jamais déposé. C'est comme ça qu'on a eu le titre : pour six cents ! »

La réalité, comme souvent avec Philip Yordan, est plus complexe. Son arrivée en Espagne répond autant aux injonctions de Ray qu'à une impérieuse nécessité de s'expatrier en

1. Motion Picture Association of America.

Europe. Yordan vient de dilapider tout son crédit à Hollywood. La proposition de Ray est un cadeau du ciel pour lui. Sous contrat avec la Fox, Yordan continuait de gérer son écurie de scénaristes, dont il servait de superviseur et de prête-nom, tout en lui permettant d'entretenir cette réputation d'auteur prolifique qui écrit plus vite que son ombre. L'entreprise Yordan aurait pu continuer de fonctionner paisiblement si son patron ne s'était pas emmêlé les pinceaux, en remettant à Darryl Zanuck, alors tout-puissant patron de la Fox, un scénario destiné au producteur indépendant Milton Sperling. Fou de rage, Zanuck mit tout en œuvre pour priver Yordan de travail.

Philip Yordan devient ainsi, avec Michal Waszynski et l'Uruguayen Jaime Prades, l'une des trois éminences grises de l'empire Bronston. « Waszynski ne me supportait pas au début, raconte Phil Yordan. Il n'aimait guère Jaime Prades non plus, mais leur haine commune de ma personne avait parfois pour vertu de les unir. Très vite, on s'est mis d'accord, Mischa et moi, sur un partage des tâches. Il y avait suffisamment d'argent à prendre ainsi sans empiéter sur le terrain de l'autre. A moi le travail en amont, les idées de film, l'écriture des scénarios, l'entrisme avec les huiles de Hollywood. A Mischa la production proprement dite. Croyez-moi, avec ce qu'on ramassait, il y avait de quoi vivre heureux. Prades, c'est autre chose, c'était un monsieur brutal, à l'évidence malhonnête. J'aime bien les gens qui se comportent avec classe. Tricher avec autant de vulgarité est vraiment déplacé. Je me laissais parfois dire que Mischa était mon double. Sa classe et sa *houtzpah* (culot, en yiddish) m'épataient. »

Les personnalités de Phil Yordan et de Jaime Prades sont uniques. Elles permettent de mieux saisir la nature si particulière de l'empire Bronston, semblable à une cour des miracles dont les têtes dirigeantes partageaient un goût et un talent communs pour l'imposture. Selon Paul Lazarus, l'un des conseillers financiers de Samuel Bronston, Yordan était « un écrivain myope, baveux, vulgaire, et au cul serré ». C'est une manière assez juste de poser les choses. Interrogé sur Waszynski pour les besoins de ce livre, Yordan employait encore, quarante ans après, le même langage de gangster vis-à-vis des films qu'il a signés pour Bronston, « destinés à des nègres et des représentants de commerce », avec l'accent mis sur les scènes d'action, et l'absence totale de scènes d'exposition.

Yordan était aussi un homme d'affaires hors du commun qui, malgré ses lunettes à quadruple foyer, savait mieux qu'un autre se frayer un chemin dans la jungle hollywoodienne. Né à Chicago, juriste de formation, il entretenait soigneusement son allure de bon garçon, tiré à quatre épingles, souvent entouré de jolies femmes, blondes de préférence. Son phrasé et son goût pour les injures de toutes sortes pointaient une autre dimension chez lui. Comme Waszynski, il ressemble à un monarque. Mais, derrière les apparences, se cache un gangster. On disait d'ailleurs qu'il avait été un avocat à la solde de la mafia et avait manqué de se faire tuer dans une affaire scabreuse. Yordan ne dédaignait jamais la compagnie de la pègre dans les années 1940. Et, à sa manière, avec des méthodes toutes particulières, il avait fini par se comporter comme un gangster. Bien plus tard, une fois sa carrière de scénariste derrière lui, il fut pris en flagrant délit dans les toilettes d'un tribunal en train de détruire des pièces à convictions capitales, à l'occasion d'un procès pour tentative de meurtre où il devait apparaître comme l'un des témoins clés de la défense.

Philip Yordan s'établit en 1938 à Hollywood. Vingt ans après, il est devenu l'un des scénaristes les plus respectés du métier. On lui doit *Detective Story* de William Wyler ; *Plus dure sera la chute* de Mark Robson ; *Cote 465*, *L'Homme de la plaine* et *Le Petit Arpent du Bon Dieu* d'Anthony Mann. Il reçoit en 1954 l'oscar du meilleur scénario pour *La Lance brisée* d'Edward Dmytryk. Yordan était l'un des rares scénaristes américains repérés par la critique française dans les années 1960. Il était même extrêmement coté tant auprès des *Cahiers du Cinéma* que de *Positif*. Roger Tailleur, dans son dictionnaire des scénaristes de western, voit en lui « le dialoguiste le plus virulent de Hollywood » et loue son « imagination effrénée ». On retrouvait de semblables éloges sous la plume de François Truffaut.

A l'époque, tout le monde ignorait la double vie de Philip Yordan, scénariste, mais aussi négrier. L'époque de la « liste noire » fut une période bénie pour lui. Sa combine – faire écrire un scénario par d'autres et le signer – était monnaie courante à Hollywood. Ben Hecht par exemple, le scénariste de *Scarface* et d'*Autant en emporte le vent*, la pratiquait régulièrement. La « liste noire », en privant de signature, et donc de travail, nombre d'écrivains, donne à ce procédé une ampleur inattendue. Les nègres de Yordan étaient en réalité innombrables. L'un des plus célèbres est Ben Maddow, scénariste de *Johnny Guitare* de Nicholas Ray, dont Yordan s'approprie le crédit au générique. « Phil Yordan n'a jamais écrit une seule ligne de sa vie », affirmera plus tard Maddow.

A Madrid, sous la houlette de Bronston, l'usine Yordan atteint, grâce à la « liste noire », son rythme de croisière. Yordan crée à cet usage une nouvelle compagnie, United States Pictures, et emploie successivement, ou simultanément, Bernard Gordon, Ben Barzman, Julian Halevy Zimet, Guy Endore, Arnaud d'Usseau. Ces scénaristes sont payés une fraction de ce que Yordan reçoit de Bronston – environ 400 000 dollars par script. Le calcul de Yordan est imparable : ces scénaristes ne pouvant trouver de travail, ils seront prêts à travailler à n'importe quel prix. Les scénaristes le ressentaient ainsi et voyaient Yordan comme une opportunité unique s'offrant à eux. La part réelle de Yordan dans les scénarios des cinq productions Bronston, *Le Roi des rois* *, *Le Cid* *, *Les 55 Jours de Pékin* *, *La Chute de l'Empire romain* * et *Circus World* *, reste nébuleuse. La Screenwriters Guild, le syndicat des scénaristes américains, a passé par exemple plusieurs mois dans les années 1990 à débattre de la paternité du *Cid* et à décider si le nom de Yordan devait être retiré au profit du seul Ben Barzman (décision fut finalement prise de laisser les choses en l'état).

Yordan représente une recrue de choix pour Bronston et Waszynski. Les deux hommes avaient besoin d'un homme expérimenté, rompu à la politique hollywoodienne, avec un carnet d'adresses dont Bronston se servirait abondamment. Peu importent les fraudes de Yordan. Dans le royaume de Bronston, où l'imposture tient lieu de vertu, ses méthodes de négrier trouvent naturellement leur place. Yordan partage aussi avec Bronston et Waszynski la même condition de juif caché, toujours prudent sur la divulgation de ses origines, avec un comportement parfois irrationnel à ce sujet. Norma Barzman raconte un épisode cocasse au moment où son mari Ben était dépêché de toute urgence à Madrid pour réécrire le scénario du *Cid* : « Je suis arrivée à

Madrid en provenance de Paris un mardi soir. Ben était déjà sur place et réécrivait un scénario dont les pages étaient immédiatement envoyées par coursier à Sophia Loren, Charlton Heston et Anthony Mann. J'avais pour mission de ramener trois saucissons casher, introuvables à Madrid, un pour Phil Yordan, un pour Bronston, un pour Ben. "Sophia te concocte un plat pour le dîner, mais il faut d'abord amener le salami à Phil Yordan. C'est urgent." Ben avait à peine sonné à la porte de la suite de Yordan au Castellana Hilton qu'il me sautait dessus, m'arrachait le salami des mains et s'enfuyait avec. Yordan s'est assis à son bureau, où il s'est mis à déchiqueter le salami avec un coupe-papier. "Pourquoi ne demandez-vous pas au garçon d'étage de vous amener un couteau avec peut-être un peu de pain ?" suggéra Ben. "Nan, répondit Yordan. Ce sont des *vilde folk* – des sauvages. Vous saisissez ? Ils ne comprennent rien", et il continua à déchiqueter le salami comme s'il avait été confronté à un taureau. La dernière fois que j'avais entendu l'expression "vilde folk" était chez un propriétaire juif d'un restaurant à Mexico, il faisait alors allusion aux Mexicains. »

Jaime Prades partageait avec Michal Waszynski le goût du larcin. Waszynski eut la classe de le pratiquer avec distinction, quand Prades en restait au vol à la tire. Né en Uruguay, il avait passé le plus gros de sa carrière dans le cinéma en Espagne. Il était l'un des intermédiaires entre les Productions Bronston et l'administration franquiste. Il savait quels dignitaires franquistes honorer, ou repérer les membres de l'administration susceptibles d'être achetés.

Prades contrôlait des sommes considérables en liquide, dont une partie terminait dans ses poches. Charlton Heston évoque dans ses mémoires l'atmosphère palpable de corruption qui l'entourait. Par exemple, sur chaque billet d'avion commandé par Bronston Productions, Prades s'arrogeait une confortable commission de cinquante dollars. Heston fait aussi état d'un pathétique épisode sur le tournage des *55 Jours de Pékin*, lorsqu'il réalise que son chauffeur n'a pas été payé depuis des mois. La star devra insister à plusieurs reprises auprès de Prades pour obtenir le règlement des arriérés du chauffeur.

7

Le Vatican est à lui

Samuel Bronston et Michal Waszynski avaient besoin de frapper un grand coup pour *Le Roi des rois*. Ils vont obtenir ce qu'aucun film consacré à la vie de Jésus n'avait eu auparavant : l'imprimatur du Vatican. Les deux hommes demandent en mars 1960 une audience au pape Jean XXIII. Celle-ci leur est accordée immédiatement grâce aux amitiés particulières qu'ils entretiennent avec le Saint-Siège. Bronston connaît le pape depuis l'époque où il était cardinal sous les ordres de Pie XII. Le scénario écrit par Philip Yordan et l'écrivain catholique italien Diego Fabbri obtient la bénédiction papale le 8 mars (le tournage du film débute le 24 avril à Madrid).

Il sert à la perfection l'idéologie libérale du nouveau pape, désireux d'en finir avec l'image du peuple juif déicide. Le cardinal Roncalli insiste bien auprès de Waszynski pour que le film ne heurte pas les sensibilités catholiques et juives, de manière à ce qu'il puisse faire valoir ses idées lors du prochain concile œcuménique.

Le scénario assimile Barabbas et Judas à des révolutionnaires prêts à tout pour libérer la Judée du joug romain. Le pape se montre également très satisfait par le parti pris d'un scénario décidé à redonner, en conformité avec la vérité historique, la responsabilité de la crucifixion de Jésus à l'occupant romain. Il est difficile de savoir ce qui subsiste à l'écran du scénario de Yordan et Fabbri tant *Le Roi des rois* apparaît indissolublement, malgré ses nombreux défauts, comme un film de Nicholas Ray. Dans la droite ligne des *Amants de la nuit* et de *La Fureur de vivre*, son film fait de Jésus un écorché vif dont la révolte passe par une action spirituelle, par opposition à l'action violente de Barabbas. L'aspect rebelle du personnage est accentué par la volonté de Ray de recruter des acteurs de la nouvelle génération pour incarner Jésus et ses apôtres, en contradiction avec l'art de la Renaissance qui, selon le réalisateur américain, les aurait exagérément vieillis.

Le casting du film, effectué sous la supervision de Waszynski en Espagne, et de Maude Spector en Angleterre, reflète ce parti pris, avec des comédiens qui sont tous dans leur trentaine : Jeffrey Hunter, engagé par Nicholas Ray sur les conseils de John Ford – il tenait avec John Wayne le rôle principal de *La Prisonnière du désert* –, incarne Jésus, Robert Ryan est Jean le Baptiste, Rip Torn est Judas, et Harry Guardino est Barabbas. On voit aussi percer de nombreux parallèles entre l'occupation romaine et le nazisme. « Ce qui avait frappé tout le monde à la lecture du scénario, dit Simon Mizrahi, l'un des acteurs du film, c'était la dimension de rébellion très viscérale, qui apparentait le film aux autres films de Ray. Mais cet aspect m'est apparu de façon encore plus évidente à la projection des rushes; en particulier tout le background juif de l'époque, la révolte, les rapports entre Romains et juifs. »

La révélation à l'écran d'un Jésus juif, dans une production en Espagne, qui n'était pas forcément le pays le plus ouvert aux idées de Vatican II, le tout sous la houlette de deux producteurs, Samuel Bronston et Michal

Waszynski, réticents à mettre en avant leur judaïsme, n'est pas le moindre des paradoxes.

Dans l'Espagne des années 1960 vidée officiellement de ses juifs depuis près de cinq siècles, et rétive devant une industrie américaine dont la majorité des cadres sont juifs, l'irruption de Sam Bronston et de Michal Waszynski prend des allures de coup d'Etat. Mais il s'agit d'une révolution de velours, dont le mot d'ordre réside dans une évidence limpide et inoffensive : Jésus est juif.

Ce message crée chez certains une violente secousse. Le producteur Alan Brown est d'ailleurs inquiet, comme plusieurs cadres franquistes, de voir passée sous silence la nature divine du Christ, devenu un messie parmi tant d'autres messies – vocation alors partagée par beaucoup au Ier siècle en Judée –, tandis que se trouvait singulièrement atténuée la responsabilité des chefs juifs dans la mise à mort de Jésus. « Caïphe (le grand prêtre du Temple), objecte Brown, essayait ici de se débarrasser d'un agitateur qui risquait de causer la mort de milliers des siens, il n'était pas, comme il se doit, contre le Christ parce que le Christ était chrétien ! »

A la sortie du film aux Etats-Unis, la Legion of Decency tient à avertir le public sur la nature particulière du film et à souligner que « les libertés prises par cette vie du Christ rendent le film mensonger, que ce soit du point de vue théologique, biblique ou historique ». L'accueil en Espagne est étonnamment favorable : un rapport du très conservateur Cesar Marrano Daronos concède qu'« il s'agit d'une représentation en Technicolor relativement fidèle du Nouveau Testament mais sans la moindre émotion. On omet tout de même toute référence à la responsabilité des juifs. Il serait en outre conforme aux bonnes mœurs de retirer la séquence de la danse de Salomé. »

Le financement du *Roi des rois* se montre beaucoup plus ardu à boucler que l'obtention de la bénédiction papale. En collaboration avec Robert Haggiag, patron de la maison de production italienne Dear Film, Samuel Bronston envisage de prévendre les droits du *Roi des rois* à douze distributeurs étrangers. Leur avance couvrira les frais de production d'un film dont la garantie de bonne fin est de toute façon assurée par Pierre Du Pont.

La production proprement dite est laissée à l'abandon. « Bronston ne s'occupait pas véritablement de la production au jour le jour, dit Simon Mizrahi. L'équipe espagnole et américaine dont il s'entourait était, dès le départ, une équipe d'escrocs épouvantables. Très vite, l'argent a manqué et le film est entré en crise. Il a donc fallu faire appel à une "major company" américaine, et MGM est celle qui a fait l'offre la plus intéressante. » Selon John Drake Moore, Michal Waszynski trouve le sésame qui va permettre de rassurer Sol Siegel, le chef de la production de la MGM, et le convaincre d'investir cinq millions et demi de dollars. Fort de l'expérience du tournage d'*Othello* où Welles avait dû littéralement composer avec des bouts de ficelles, Waszynski demande à Ray de tourner la scène où Pompée et ses troupes massacrent cinq cents juifs en prière dans l'enceinte du Temple. Des draps blancs font office de toges. Une centaine de costumes de légionnaires romains sont récupérés auprès d'une troupe d'opéra. La démonstration est suffisante pour convaincre Sol Siegel et sauver le film de la faillite.

Michal Waszynski n'aura de cesse plus tard de perfectionner cette démonstration devant ses bailleurs de fonds. Il la transformera par la suite en un son et lumière absurde où la richesse étalée des productions Bronston n'annoncera qu'avec plus de brio leur inévitable faillite. L'exposition des décors des productions Bronston aux journalistes et aux investisseurs deviendra un rituel, destiné à impressionner les visiteurs, médusés par le faste affiché. Il y avait de quoi. Il s'agit peut-être des seuls décors de l'histoire du cinéma dont le coût dépasse celui de leur modèle.

Le Roi des rois sort en octobre 1961. Les critiques sont réservées, mais les entrées tout à fait honorables, suffisamment en tout cas pour convaincre Pierre Du Pont de donner son accord aux nouveaux emprunts contractés par Bronston. Du côté espagnol, *Le Roi des rois* constitue une excellente affaire. Plusieurs milliers d'emplois ont été créés, avec les investissements afférents. Samuel Bronston entretient avec soin ses relations avec le gouvernement franquiste. Il insiste très lourdement dans le dossier de presse sur le fait que le film a été produit en Espagne, détaille minutieusement chaque bourgade où à été tournée une scène du film. Mais Bronston a désormais mieux à offrir à l'office du tourisme espagnol qu'une publicité déguisée en dossier de presse. Avec sa nouvelle production, *Le Cid*, il ne propose rien de moins que d'ériger un monument filmé à la gloire de Franco.

8

Au service de Franco

Bronston a l'idée de monter une vie du Cid dès son premier voyage en Espagne, et charge Jaime Prades d'acheter les droits d'un livre sur cette figure controversée de l'histoire espagnole. Don Rodrigo Díaz de Vivar était un noble castillan qui mena au XIe siècle le combat contre les Maures et dont la bravoure devint le symbole de l'âge d'or de la chevalerie. La légende en fait un équivalent ibère de Roland ou du roi Arthur. « El Cid » (seigneur en français) est une marque de respect adressée à son égard. Le roi Alphonse VI ne cessa pourtant de lui opposer sa défiance, allant jusqu'à l'expulser de Castille en 1081. Le Cid devint ennemi à la fois des Maures et des chrétiens, et en 1094 conquit Valence dont il resta le gouverneur jusqu'à sa mort en 1099.

La tâche, ardue, de mener à bien la mise en chantier d'un film épique chargé d'honorer Franco est confiée à Waszynski. La production du *Cid* marque sa montée en puissance au sein de l'organisation Bronston. Il en devient le maître stratège, hérite du titre envié de vice-président de la compagnie, avec Jaime Prades et Philip Yordan sous sa coupe. Il contrôle aussi une bonne partie des immenses sommes d'argent qui circulent au sein de cet empire de pacotille. Waszynski comprend immédiatement qu'il faut s'assurer le concours de Don Ramón Menéndez Pidal, historien espagnol qui fait autorité sur le Cid, afin de rassurer Franco sur la crédibilité de la production.

Le choix d'Anthony Mann, hispanophile convaincu, récemment marié à une Espagnole, pour mettre en scène les exploits de Rodrigue, s'impose de lui-même. Anthony Mann signe son contrat durant l'été 1960, rassuré à l'idée de retravailler, après *Cote 465* et *Le Petit Arpent du Bon Dieu*, avec Philip Yordan. Mann est galvanisé aussi par cette chance inespérée de mettre en scène un film épique à gros budget, un an après avoir été renvoyé par Kirk Douglas du tournage de *Spartacus*, remplacé par Stanley Kubrick. Mann, comme Nicholas Ray auparavant, se trouve dans une impasse, ce qui en fait un candidat idéal pour Bronston, attiré par les gloires en disgrâce à Hollywood.

Il semble que ce soit surtout le réalisateur américain, plus que Waszynski et Bronston, qui ait déployé des trésors de séduction pour obtenir la réalisation du *Cid*, de crainte de se trouver pour de bon au chômage. Norma Barzman se souvient d'un Mann devant employer tout son savoir-faire pour trouver une place dans l'empire Bronston : « Tony Mann, raconte-t-elle, voulait mettre en scène *The Ceremony*, d'après un scénario de Ben, mais la veuve d'Harry Cohn, l'ancien patron de la Columbia, s'y était opposée. Tony nous a emmenés, Ben, moi, et sa nouvelle conquête Anna Kuzco, dans l'un des restaurant les plus chic de Londres pour se changer les idées. Lorsque nous sommes arrivés au Mirabelle, nous n'en sommes pas revenus de voir qu'une table de quatorze personnes avait été réservée. Tony avait invité Mike Waszynski. Il nous a glissé à l'oreille qu'il voulait séduire l'équipe de Bronston, espérant signer un contrat avec le producteur. Tony avait demandé à Mike, dont l'accent polonais était très prononcé, de faire une réservation pour quatorze. Mike avait utilisé son ton de voix le plus hautain. Le maître d'hôtel, encore plus hautain, lui avait répondu qu'il aurait dû être au courant qu'il était nécessaire de réserver sa table au Mirabelle au moins quatre jours à l'avance. Aucune table n'était libre. Tony était tellement furax qu'il s'est mis à hurler : "Donne-moi ce putain de téléphone !" Il a rappelé le Mirabelle, et assuré au maître d'hôtel qu'il était l'aide de Sa Majesté, le prince Michael Waszynski de Pologne, et que Sa Majesté désirait une table pour quatorze dans un endroit calme du restaurant, le tout dans vingt minutes. A sa grande surprise, le maître d'hôtel lui répondit que le Mirabelle serait honoré de sa présence. Mike était impeccablement habillé. Il dégageait une immense confiance en lui qui le faisait ressembler en tous points à un prince. Les employés du Mirabelle se sont mis en quatre pour satisfaire Son Altesse et ses invités. Mike l'a jouée bille en tête. Rien ne lui plaisait. Le sommelier lui a présenté un bourgogne qu'il a renvoyé en cuisine après y avoir trempé ses lèvres. Le serveur en a ramené un autre, accepté cette fois-ci par Mike. A la fin du dîner, Mike a indiqué, d'un geste princier, que l'addition serait réglée par son aide, Tony Mann, qui s'exécuta. »

Le plus cocasse dans cet épisode est que Mann est bien le seul à cette table à savoir qui est véritablement Michal Waszynski. Né Emil Anton Bundesmann en 1906, le réalisateur américain est monté pour la première fois à quatorze ans sur les planches à Broadway. Il a fait ses premières armes dans la Young Men's Hebrew Association, et joué en 1925 sous le nom d'Anton Mann dans une production du *Dibbouk* au Grand Street Playhouse, dans le Lower East Side de New York. Mann sait donc bien qu'il a affaire au réalisateur du *Dibbouk.* Mais si lui le sait, Michal Waszynski l'a oublié.

La mythomanie de celui-ci a des origines lointaines. Il était prince depuis bien longtemps, mais Bronston lui offre désormais ce dont il avait toujours rêvé : un fief et des sujets. Waszynski s'assure la maîtrise d'une bonne partie de la production du *Cid.* Il veille à l'embauche du couple de décorateurs et de costumiers formé par John Drake Moore et Veniero Colasanti. Ce dernier est un ancien scénographe de Visconti au théâtre et à l'opéra, repéré par Waszynski sur le tournage de *Carthage en flammes*, un péplum du réalisateur italien Carmine Gallone. Ce couple de décorateurs va marquer de son empreinte l'esthétique des Productions Bronston, tout en plombant les comptes de la compagnie au fil des ans jusqu'à l'asphyxie complète. Colasanti et Moore sont surnommés Michel-Ange et Léonard de Vinci par Waszynski. Le nom d'emprunt de ce dernier est, lui, tout trouvé. Il demande parfois à se faire appeler Laurent le Magnifique. Waszynski a raison. Jamais, dans l'histoire du cinéma, décorateurs ne disposeront de moyens aussi colossaux. Philip Yordan : « Bronston avait demandé à Mike d'organiser le chaos apparent du *Cid*. Pour le coup, il lui a obéi au doigt et à l'œil. Le tohu-bohu est devenu le quotidien des productions Bronston. »

Waszynski supervise le recrutement de Yakima Canutt, responsable, avec Andrew Marton, de la célèbre séquence de la course de chars dans *Ben Hur* et, plus tard, de celle encore plus spectaculaire de *La Chute de l'Empire romain* ; du chef opérateur anglais Robert Krasker *(Le Troisième Homme, Henry V)* ; du compositeur hongrois Miklos Rozsa. Waszynski signale à Bronston qu'il faut au *Cid* ce dont *Le*

Roi des rois manquait cruellement : deux stars d'envergure internationale. Le réalisateur polonais propose l'une de ses vieilles connaissances, Sophia Loren, pour le rôle de Chimène. Une proposition appuyée avec d'autant plus de fermeté que Robert Haggiag, le distributeur italien du *Cid*, toujours associé aux Productions Bronston, doit toucher trois millions de dollars de commission si Sophia Loren donne son accord pour interpréter Chimène. Waszynski obtient un accord rapide après d'âpres négociations auprès du mari de la star, le producteur Carlo Ponti, qui trouve là une occasion d'encaisser un chèque important pour sa protégée et d'en faire une vedette internationale.

Le choix de Charlton Heston pour Rodrigue est encore plus évident, tant l'acteur américain, depuis les triomphes des *Dix Commandements* et de *Ben Hur*, apparaît comme le comédien idéal pour un film en costumes. Waszynski fait preuve de tout son savoir-faire pour séduire la vedette américaine, alléchée par la perspective d'un cachet important, mais rétive à la perspective d'un tournage de six mois à l'étranger. « Mike, note Heston dans ses mémoires, était un type d'un charme infini. Ses origines m'apparaissaient pour le moins étranges, il avait dû en inventer une partie. Il s'affirmait polonais, aristocrate, mais il possédait à coup sûr un talent hors du commun pour la survie. » Waszynski demande à Sam Bronston d'accueillir en personne Charlton Heston à l'aéroport, pour lui réserver un accueil digne d'un chef d'Etat. « Lorsque j'ai atterri à l'aéroport de Barajas, raconte Heston, Sam était debout sur le tarmac, le pied sur la première marche de l'escalier de l'avion. C'était un homme impressionnant avec sa chevelure argent et ses traits magnifiquement dessinés. La manière dont nous avons passé le contrôle de l'immigration et la douane était tout aussi impressionnante. Mes valises ont été immédiatement chargées dans le coffre de sa Rolls, qui m'a amené dans la suite d'un des meilleurs hôtels de Madrid. »

Michal Waszynski avait veillé personnellement auprès de Gabriel Arias Salgado, le ministre du Tourisme, à ce que le traitement de faveur soit la règle pour tous les employés de Bronston Productions. « A chaque fois que je retournais à Madrid, je passais la douane en sifflotant pour rejoindre une voiture officielle qui m'attendait. Le véhicule mesurait quinze mètres de long. Il aurait pu abriter une colonie de vacances. On se serait cru dans un film. Non, nous *étions* dans un film. Vous comprenez, Mike Waszynski n'était pas homme à composer avec la réalité. Il la remodelait selon ses désirs, à croire que la vie ne méritait d'être vécue qu'à la condition de ressembler à un conte de fées », assure Philip Yordan.

Les faveurs dispensées par Waszynski s'inscrivent dans un plan plus large mis au point par Gabriel Arias Salgado et dont le prince polonais et Bronston se proposent de devenir les exécutants. Ce plan, baptisé en 1960 « Operación Propaganda Exterior », vise « à mieux faire comprendre les fondations de notre système politique », et à « démontrer qu'il peut être exporté dans d'autres pays, en particulier hispanophones ». Operación PE privilégiait trois cibles : la politique, les intellectuels et les masses populaires. Et pour toucher ces dernières, le cinéma apparaissait, bien sûr, comme le média idéal. Le rapport estimait qu'« un film artistique, idéologiquement neutre en surface, a plus d'influence sur l'opinion que ceux dont les intentions sont facilement décelables ». Un peu plus loin, ce même rapport souligne l'utilité d'une industrie cinématographique en Espagne, avec un tel souci du détail qu'il pointe implicitement les Productions Bronston comme le dépositaire privilégié de son message de propagande. « La collaboration avec des pays étrangers donne des résultats. Des films produits par des étrangers en Espagne sur certains aspects de notre histoire offrent au public du monde entier un caractère d'objectivité qu'on n'accorderait pas à des productions nationales. La coproduction entraîne la garantie d'une distribution dans le monde entier. Elle laisse le public ignorant des intentions de départ, exonérant tout soupçon de propagande. » *Le Cid* devient ainsi la pierre angulaire de la propagande franquiste.

Le régime franquiste déclare le 30 janvier 1961 *Le Cid* d'« intérêt national ». Seuls deux films espagnols s'étaient auparavant vu octroyer ce label flatteur. Il s'accompagne d'une aide financière significative du ministère de la Propagande et du Tourisme. La censure franquiste souligne que ce portrait du Cid est le parangon de la droiture espagnole.

Seulement, quelle version du scénario du *Cid* la censure a-t-elle eue entre les mains ? Il en va de la censure espagnole comme des autres : elle ne peut tout contrôler. Et certainement pas les errements de Michal

Waszynski. Le scénario de Philip Yordan crée le consensus autour de son insondable médiocrité. Charlton Heston ne comprend rien à son personnage. Anthony Mann ne saisit rien de l'intrigue. Sophia Loren est désespérée de n'avoir aucune scène d'amour à jouer.

Waszynski leur avait pourtant assuré, avant de les faire signer, que *Le Cid* avait requis deux ans de planning rigoureux avec huit mois de préproduction. Il faut croire que cela reste insuffisant puisque Heston, Loren et Mann demandent immédiatement, d'abord à Waszynski, puis à Bronston, de trouver un autre scénariste, chargé de réécrire entièrement le script. Il s'agit de Ben Barzman, placé sur la « liste noire » aux Etats-Unis, et exilé depuis en Europe. Barzman a donné beaucoup d'argent aux loyalistes durant la guerre civile en Espagne. Il est aussi un membre éminent du Joint AntiFascist Refugee Committee, qui a permis à plusieurs écrivains et poètes d'échapper aux griffes de Franco. A lui, communiste et antifranquiste de la première heure, échoit la tâche délicate d'ériger ce monument cinématographique à la gloire de Franco. Ben Barzman constitue aussi un employé de choix pour Philip Yordan, qui peut poursuivre son trafic, et payer son collaborateur une minuscule fraction des 400 000 dollars qu'il reçoit pour chaque film. Samuel Bronston veille personnellement à la sécurité de Ben Barzman. « Je tiens à vous dire, Benny, que vous n'avez rien à craindre. Un fonctionnaire de haut rang est payé par mes soins pour s'assurer que personne ne viendra vous déranger. Tout est arrangé pour vous. »

De ce chaos pourtant surgit l'ordre. Mann s'emploie à faire du *Cid* une ode flamboyante au film épique, détournant la commande pour installer un récit qui repose intégralement sur la décadence : celle du Cid, celle du royaume d'Espagne, celle de la chrétienté et, enfin, celle du film hollywoodien à grand spectacle. La séquence finale du Cid mort au combat, dévalant attaché à sa monture la plage de Peñíscola, devient une métaphore du film épique, décrit à l'aube du règne de la télévision comme un mort-vivant.

Le tournage du *Cid* débute le 14 novembre 1960, Ben Barzman débarque le 16 avec la tâche ardue de tout réécrire au jour le jour. Ses pages sont tous les jours acheminées par coursier. Il est décidé de tourner, autant que possible, les scènes dans leur continuité. Une tâche d'autant plus ardue que le contrat de Sophia Loren stipule douze semaines de tournage.

Les efforts de Bronston et de Waszynski finissent rapidement par payer. *Le Cid* devient une attraction dès la première semaine de tournage. *Variety* raconte dans son édition du 22 mars 1961 que des touristes américains et européens ont afflué par milliers pour assister au tournage à Peñíscola d'une des principales batailles du film. Fondée il y a vingt-cinq siècles par les Phéniciens, cette cité balnéaire restait l'une des rares villes espagnoles à avoir conservé son mur de fortifications. Elle devient le lieu idéal pour figurer la Valence du XIe siècle. Peñiscola est rebaptisée « Bronston City » le temps du tournage, avec une place Sophia-Loren, une rue Prades, et une avenue Waszynski. « Samuel Bronston, écrit *Variety*, a réussi pour la côte espagnole ce que les agences de voyages et les offices du tourisme à Barcelone et à Valence tentaient désespérément depuis des années : créer un tourisme en plein hiver. »

Tout est hors normes sur ce tournage. Au point qu'une partie de l'équipe ira jusqu'à se plaindre de la débauche de moyens mis en œuvre. « Je pouvais entendre des bruits de métal à chaque fois que Sophia Loren se déplaçait, raconte Verna Fields, la bruiteuse du film. Il y avait trop d'or. Le public risquait de rigoler. » Il faut donc fabriquer d'urgence une autre robe, si possible moins bruyante. « Cette robe dorée, explique Veniero Colasanti, est l'une des sept cents spécialement confectionnées à Florence. » « Deux mille costumes, ajoute John Moore, avaient été fabriqués par les femmes de trois villages de la périphérie de Madrid. Ils sont tous authentiques. Prenez la ceinture du roi. Elle porte les blasons de chaque province du royaume. Les musées nous ont permis d'étudier des échantillons qui remontaient au XIe siècle. En fait tous les costumes, objets et décors sont le fruit d'une étude minutieuse. Nous avons même trouvé un artisan, très doué pour la peinture sur verre, capable de reproduire le dessin d'une église romane. La cathédrale de Burgos est encore debout, mais il s'agit d'art gothique du XVIe siècle. Cela aurait choqué. La cathédrale a en fait été érigée sur les décombres de l'église romane où se sont mariés le Cid et Chimène. Nous avons dû reconstruire tout cela. »

Le fétichisme n'est pas l'apanage du seul John Moore. « Waszynski était complètement obsédé, se rappelle Phil Yordan. Il allait voir Charlton Heston pour lui expliquer qu'au XIe siècle on ne posait pas ainsi sa main sur l'épaule d'une dame. Ensuite c'était tel blason qu'il trouvait inexact. Le fils de pute ne comprenait donc pas qu'on tournait un film et non un documentaire ? En même temps, j'avais une certaine admiration pour lui. Sa culture était immense, il était bluffant. Pour un peu j'aurais fini par croire qu'il avait rencontré le Cid en personne ou alors qu'il avait visité l'Espagne médiévale à bord de je ne sais trop quelle machine à remonter le temps. »

Cette version d'un Waszynski obsédé du détail historique est corroborée par un livre paru juste après la sortie du *Cid* (*The Making of El Cid*). On y découvre sur plusieurs photos de tournage Waszynski avec une chapka sur la tête, un manteau de vison et des bottes en plastique, pendant qu'un texte nous explique qu'« il a sélectionné les fresques de la cathédrale de Burgos à partir de la collection du Palacio de Montjuich », puis ajoute que « des costumes pour des stars réclament un investissement considérable, que ce soit en temps ou en argent, pour des raisons mal comprises des gens qui ne travaillent pas dans l'industrie du cinéma ».

L'équipe du *Cid* se posait pourtant bien des questions sur cette gabegie. Le tournage du film était régulièrement interrompu en raison des délais interminables de fabrication des costumes à Rome et à Florence. « Ne peut-on pas fabriquer tous ces costumes en Espagne ? » demande, furieux, Ben Barzman à Waszynski. « Vous êtes-vous jamais fait confectionner un costume à Madrid ? » lui rétorque le prince. « Non, jamais », répond Barzman. « Eh bien, ne le faites jamais. Les tissus espagnols sont de si mauvaise qualité que votre costume tomberait en lambeaux. »

L'explication dépasse la simple question de la qualité des tissus en Espagne. En faisant fabriquer les costumes du film en Italie, Michal Waszynski s'octroyait une commission au passage.

Les premières rumeurs de corruption de Bronston Productions remontent à cette période. Samuel Bronston a la réputation de jeter l'argent par les fenêtres, mais aussi de laisser une marge de manœuvre totale à son numéro deux Michal Waszynski, et son numéro trois Jaime Prades. « Il se contentait de vous taper sur l'épaule pour vous demander si tout allait bien, affirme Norma Barzman, pour le reste il s'en lavait les mains. Il fallait voir avec Waszynski. » On raconte qu'un timbre à cinq cents coûtait 1,32 dollar chez Bronston.

La première du *Cid* a lieu le 6 décembre 1961 au Metropole Theater de Londres, en présence de Sam Bronston, Mike Waszynski, Sophia Loren, Ben Barzman et du prince Charles. Il faut tempérer l'ardeur de Mike Waszynski à considérer le prince Philippe d'Edimbourg comme son égal. Il faut aussi éviter une catastrophe de dernière minute. Lorsque le monteur du *Cid*, Bob Lawrence, effectue une projection test devant Bronston et Waszynski, ils découvrent, à leur grand effarement, dans une des premières scènes, une jeep de l'armée espagnole nichée dans un coin de l'écran. Le gouvernement franquiste avait mis gracieusement sa cavalerie à disposition, mais Bronston ne pouvait décemment le remercier en laissant une telle tache sur l'écran.

Le Cid se révèle, comme l'avait prédit Bronston, un triomphe dans le monde et, de loin, le plus gros succès de l'histoire de la compagnie. Sa sortie dans le monde entier s'étale sur près de deux ans. Son budget initial de douze millions de dollars (dans la fourchette très haute des budgets hollywoodiens de l'époque) est largement compensé par ses trente-cinq millions de dollars de recettes en 1962, puis ses quinze millions l'année suivante.

9

Un prince en Espagne

Samuel Bronston s'achète durant le tournage du *Cid* une nouvelle Rolls, et en offre une autre à son bras droit. Waszynski tient absolument à faire graver ses armoiries sur la porte de la berline. La demande transmise aux techniciens de Rolls-Royce se voit opposer un refus catégorique. Non seulement le blason proposé par le « prince » – une couronne à cinq branches – comporte une branche de plus que celui de la reine d'Angleterre, mais il demeure inconnu des catalogues. Norma Barzman garde un souvenir encore plus cocasse de l'arrivée des deux berlines aux studios Bronston : « Deux Rolls-Royce sont arrivées, une pour prince Michael, et une autre pour Sam Bronston. Celles de Sam et

Mike étaient identiques, à l'exception de la grille du radiateur de la voiture de Sam qui provenait d'une Bentley. Cette Bentley, fabriquée aussi par l'usine Rolls, donnait à Sam le sentiment de ne pas rouler dans la voiture de monsieur Tout-le-Monde. "Je te donne la Rolls, dit Sam à Mike, et je garde la Bentley. Assure-toi juste que personne au studio ne roulera en Bentley." Les deux voitures couleur bleu nuit arrivaient directement de Londres. Elles avaient traversé la France et l'Espagne dans de terribles conditions atmosphériques. Nous étions en plein hiver, la chaussée devant le studio était glissante. Nous avons vu de notre fenêtre les deux voitures déraper sur la glace, d'abord légèrement, puis lourdement. Elles se sont rentrées dedans. Le pare-chocs de la voiture de Mike était singulièrement endommagé. Les deux chauffeurs anglais qui avaient traversé toute l'Europe pour acheminer les deux véhicules échouaient à un mètre du but. Ils sanglotaient, on les auraient crus inconsolables. Prince Michael dut attendre un mois pour récupérer un nouveau pare-chocs. »

Les incidents mécaniques ne contrarient guère le règne du prince. Il sillonne désormais les rues de Madrid à bord de sa Rolls où ont été vissés sur le coffre avant deux drapeaux aux insignes de la monarchie polonaise. On dit que Franco a désormais reconnu son titre de prince.

Personne ne conteste à Waszynski son titre de roi des nuits madrilènes. Avec l'expansion des studios Bronston, Madrid devient le nouveau lieu à la mode. On rencontre désormais des stars du cinéma ou de la musique au lobby du Castellana Hilton ou au restaurant du Jockey-Club. Les fêtes les plus courues ont lieu au palais de Michal Waszynski, situé dans une banlieue chic de la capitale espagnole. « Vous n'avez pas idée de l'ambiance qui régnait chez Mike, raconte John Moore. Pour les dignitaires franquistes, c'était l'endroit où il fallait être, comme s'il fallait prêter allégeance au prince polonais, car eux, je vous le rappelle, croyaient véritablement que c'était un prince. Dans son genre, il en était un. Après tout, Hollywood était truffé de faux princes, c'était la mode, et puis on ne vérifiait pas ce genre de choses à l'époque. La collection d'art cultuel de Mike bluffait tous ses visiteurs. Son rôle était capital dans l'organigramme Bronston. Il mettait à l'aise l'establishment franquiste, et lui donnait, grâce à ses fêtes, le sentiment d'être au centre du monde quand, auparavant, il en était retranché. Je croisais régulièrement Juanito dans les soirées de Mike. Enfin, je veux dire Juan Carlos d'Espagne, sauf que pour nous il reste Juanito. Et c'était un sacré excité. Il faut dire qu'il y avait des jeunes filles et des garçons dans tous les coins. Les sollicitations étaient diverses et le plaisir toujours certain. Il y avait aussi Carmen Franco, la fille du dictateur. Une belle délurée celle-là, du genre à festoyer toute la nuit, puis le lendemain s'il le fallait. Sauf que, le lendemain, il y avait pour nous un film à tourner, des décors à terminer, puis d'autres soirées à organiser. Vous voyez, c'était du travail d'amuser toute cette cour. Il ne fallait pas reculer devant les heures supplémentaires. »

Fort du succès du *Cid*, Sam Bronston ouvre des bureaux à Londres, Paris, Los Angeles, Buenos Aires, Tokyo et Rome (les gérants de ce dernier bureau sont Waszynski et son ami Giorgio Dickmann). Bronston fait l'acquisition des studios Chamartin à Madrid. Il achète également plusieurs hectares de terrain dans le rancho grande du marquis de Villabragima, à Las Matas, un des lieux historiques de la guerre civile, situé à vingt-cinq kilomètres de

Madrid et où vont être bâtis les décors colossaux des *55 Jours de Pékin*. Bronston cherchait désespérément à enchaîner sur un nouveau film avec Charlton Heston en vedette. Dans un dispositif où une bonne partie du budget d'un film était assurée par les préventes à l'étranger, la signature de la star de *Ben Hur* représentait un atout incomparable.

Bronston pense d'abord à *La Chute de l'Empire romain*, une adaptation libre de *Decline and Fall of the Roman Empire*, de l'historien britannique Edward Gibbon, dont la production est annoncée en juillet 1961. Michal Waszynski se charge de montrer à Heston les décors du film construits par Colasanti et Moore. « Imagine, Chuck, lui explique Waszynski, ce que cela pourrait être de déambuler dans ces rues. La puissance qu'était la Rome antique. – Ce sont des décors fantastiques, lui répond Heston. Je ne crois pas avoir vu quelque chose d'aussi impressionnant. Mais tu dois comprendre, je ne vais pas faire le film. Désolé. » Heston refusait de tourner dans un nouveau péplum après *Ben Hur*, surtout à la lecture d'un scénario aussi faible. Waszynski ne désarme pas, et propose à Heston un autre film sur la révolte des Boxers en Chine en 1900.

Flatté d'une telle insistance, impressionné aussi par le zèle des producteurs à détruire les décors de *La Chute de l'Empire romain* pour ériger ceux des *55 Jours de Pékin*, simplement pour s'assurer son concours, Heston se laisse séduire alors qu'il n'a pu lire la moindre ligne de scénario. Il est vrai qu'à ce stade de la production, il n'y a pas de scénario. Seulement un titre, autour duquel il faudra bien broder une histoire. Pour mieux enlever le morceau, Philip Yordan use de tout son bagout pour convaincre l'acteur. Il menace même de se jeter par la fenêtre si jamais il n'accepte pas son offre. « C'était un défi de s'atteler au scénario des *55 Jours*, raconte Bernard Gordon, le scénariste du film. Nous n'avions pas d'histoire, pas d'intrigue, aucun personnage et une idée très vague de ce en quoi consistait la révolte des Boxers. Yordan a fait un saut à Londres pour ramener quelques livres sur cet épisode mais ils étaient tous confus. La révolte des Boxers restait un mystère, même pour ceux qui y ont participé. C'était une manière chinoise de protester contre la présence étrangère sur leur sol, mais le rôle joué par les différentes factions chinoises reste flou et contradictoire. »

Un communiqué annonce en septembre 1961 la mise en chantier des *55 Jours de Pékin* sous la direction de Nicholas Ray. Pourtant, à l'approche du tournage, le film occupe une place de plus en plus ténue dans la stratégie de ses commanditaires. Jaime Prades a été poussé vers la sortie, Waszynski assume toujours le rôle de vice-président, et devient « producteur associé » du film. Philip Yordan se préoccupe de sa prochaine production, *La Chute de l'Empire romain*. Il passe désormais de plus en plus de temps en Europe, et gère tant bien que mal son équipe de scénaristes. De son côté, Samuel Bronston cultive ses relations avec le pouvoir franquiste. Il rêve d'obtenir la croix d'Isabelle la Catholique et décide pour cela de rendre hommage au régime franquiste en lui offrant un film d'une demi-heure sur la valle de los Caídos, lieu de pèlerinage de la guerre civile.

A tous les niveaux de la production, l'empreinte de Waszynski se fait sentir. Plusieurs rapports de production montrent la place centrale du prince, qui s'occupe d'absolument tout, du casting en passant par la plomberie, la gestion des figurants chinois, la nécessité d'envoyer les comédiens faire leurs essais de costumes à Rome au lieu de Madrid, ou la nécessité de privilégier la main-d'œuvre espagnole. Ainsi la production, ayant constaté qu'il n'y avait pas plus, à la grande désolation de Waszynski, de cent cinquante Chinois disponibles en Espagne, a vidé les restaurants orientaux de toute l'Europe. Un de ces rapports précise bien qu'en plus d'endosser le titre de vice-président de Bronston Productions, Waszynski est également producteur associé, ce qui, en substance, signifie que toutes les décisions relatives au film doivent passer par lui.

Certaines, pourtant, lui échappent. Ainsi, David Niven est engagé directement par Samuel Bronston qui le croise par hasard dans le hall d'un grand hôtel de Rome et n'a pas de peine à le convaincre de signer pour la somme, astronomique à l'époque, de 300 000 dollars. Bronston gère aussi en direct l'engagement d'Ava Gardner, après avoir longtemps hésité à prendre Jeanne Moreau.

Nicholas Ray se retrouve, dira-t-il, « sans directeur de production et avec un assistant de vingt et un ans ». « L'atmosphère pouvait être bonne sur le plateau, se rappelle le réalisateur, tant que nous n'étions pas dérangés par les crétins qui essayaient de devenir vice-présidents de la compagnie, du conglomérat, de la combine Bronston, appelez ça comme vous voulez. » A tous les niveaux de l'organisation, le vol est monnaie courante : machines à écrire, jeux de photos disparaissent. Les figurants sont déclarés pour une fois et demie leur nombre réel.

Selon Alan Brown, « certains des loyaux lieutenants de Sam partaient régulièrement pour Zurich avec des valises, et revenaient le même jour sans les valises. Sam, apparemment, n'avait rien touché de cet argent ». Bernard Gordon entend parler de la même rumeur. « C'était dramatique, raconte Nicholas Ray. C'est dommage pour le film : il aurait bien eu besoin d'un peu des drames qui se déroulaient en coulisses. Les intrigues à la cour de l'impératrice douairière n'étaient pas très différentes de celles du prince héritier Waszynski auprès de Bronston. » « J'ai vu, assure Bernard Gordon, d'énormes sommes d'argent jetées par les fenêtres. Les gens allaient et venaient en provenance de Hollywood et de Londres pour être consultés, pour des sommes très élevées, sur les différentes manières de filmer les scènes d'action. Les frais étaient, pour ainsi dire, sans limites, et imputés au budget. » Un opérateur italien, venu lui aussi à grands frais, aura au moins l'honnêteté de donner un avis : avec un décor pareil, il n'y a aucun moyen de tourner correctement. « La première fois que j'ai vu la maquette, poursuit Bernard Gordon, j'ai été consterné... J'ai dit : "Ecoute, Nick, j'ai écrit le script, j'ai décrit en détail certaines scènes de batailles, et je ne sais pas où tu vas mettre la caméra pour filmer tout ça. — Ne t'inquiète pas, Bernie, je sais ce que je fais." Et en fait, ils ont engagé un opérateur italien, il est venu, il a jeté un coup d'œil au script, un coup d'œil au décor, et il est reparti ! C'était infaisable. » Charlton note dans son *Journal* que « les caméras n'ont jamais filmé les deux tiers de cette cité incroyable ». Il demande – sans succès – à Bronston de lâcher, dans ce décor, Orson Welles avec une caméra et 100 000 dollars : « Orson aurait improvisé une merveilleuse histoire d'espionnage en tournant dans des parties du décor où nous ne sommes jamais entrés. »

Ce décor est le grand œuvre de Michal Waszynski. A ce prince, il faut un royaume et, pour rien au monde, il ne pourrait être de pacotille. Il ne faut pas voir autrement son engagement total sur la production du film, cette omniprésence dans les comptes-rendus de production. Michal Waszynski vit son rêve avec une intensité inégalée. Il fait repeindre les chaises à l'or fin à 24 carats, même si cela ne fait aucune différence à l'écran pour le spectateur. Au lieu d'une imitation, qui passe mieux à l'écran, des accessoires de soie naturelle sont commandés. « Je recherche la qualité, prétend Waszynski dans une interview parue dans le supplément en couleurs du *Sunday Times*. Je ne veux pas acheter du toc. S'il faut que ce soit en style Louis XIV, il le faut. Parfois les comédiens trouvent plus facile de travailler avec moi qu'avec le réalisateur. J'ai passé deux heures hier avec Charlton Heston, je n'ai besoin de demander d'autorisation à personne. »

Colasanti et Moore reconstruisent la Cité interdite ainsi qu'une partie importante de la Muraille de Chine. Ces décors coûteux, les plus chers de l'histoire du cinéma avec ceux de *Cléopâtre*, ont été construits en dur, au lieu du bois utilisé alors dans toutes les productions, pour impressionner les visiteurs de marque – diplomates et distributeurs étrangers en particulier – et les journalistes, bien plus que pour les besoins du tournage.

Le premier soir de celui-ci, toute la hiérarchie franquiste, à commercer par le maire de Madrid, est invitée dans le décor de Las Matas. « Le travail était accessoire, écrit Heston dans son *Journal.* Il n'y en avait que pour la presse et le public, du champagne et des toasts et ainsi de suite. » La scène, prévue pour le crépuscule, retardée par les festivités de Bronston, est finalement tournée en pleine nuit et ratée, faute d'éclairage suffisant. « Waszynski, Colasanti et Moore étaient homosexuels, raconte Bernard Gordon. Je ne dis pas qu'ils étaient amants, mais ils constituaient une clique. Colasanti et Moore ont certes bâti les plus beaux décors de l'histoire du cinéma, mais ce sont aussi les plus coûteux. Waszynski se trouvait au centre de tout ce trafic. Trop occupé à chercher de l'argent, Bronston lui avait délégué la gestion au jour le jour. C'était un type charmant, sacrément retors, mais avec une classe ! Tant que vous l'appeliez "prince", il était content. »

Les décors des *55 Jours*, surnommés « Pékin à Madrid » par une des brochures publicitaires de la production, se transforment en attraction touristique. Fraga, le nouveau ministre espagnol de l'Information et du Tourisme, amène avec lui des hommes politiques et des diplomates pour des visites de VIP où leur est exposé le nouveau glamour espagnol. « Apparemment, chaque touriste qui débarque à l'aéroport de Barajas, explique le journal professionnel *Film Daily*, doit faire la queue devant le bureau des relations publiques de Bronston pour visiter les décors monumentaux de Pékin, décrits comme les plus grands décors jamais construits pour un film. Il y a beaucoup de demandes, mais peu d'élus, surtout quand la liste des visiteurs se limite aux dignitaires espagnols, aux diplomates américains, et aux amis des stars. »

Un de ces visiteurs est la duchesse de Windsor. Elle connaît bien l'architecture de la Cité interdite depuis son séjour en Chine avant la guerre. Elle visite, à sa demande, les plateaux en compagnie de Michal Waszynski et de Paul Lazarus, un ancien cadre de la Columbia tout juste engagé en 1962 pour contrôler la gestion des Productions Bronston et donner à celles-ci une légitimité dont elles avaient bien besoin auprès de leurs investisseurs. La duchesse est littéralement bluffée par la similitude entre les décors érigés par Colasanti et Moore, bâtis à partir de photographies, et le souvenir qu'elle avait de la Cité interdite. « Elle avait l'impression de remonter le temps, se souvient

Paul Lazarus, mais elle ignorait que ces décors coûtaient autant d'argent aux Du Pont que les originaux aux empereurs de Chine. »

Un an plus tard, après la sortie des *55 Jours* en 1963, Paul Lazarus stigmatise auprès de Jesse Moss, l'avocat des Productions Bronston, « le vol à la tire à Madrid, le fait que Bronston ne lise aucun scénario, et que les films ne soient pas aussi bons qu'ils pourraient l'être ». Il se voit opposer une fin de non-recevoir qui souligne bien la place à part qu'occupent les Productions Bronston dans l'économie et la propagande du gouvernement franquiste. « Mon garçon, lui répond Moss, qui avait supervisé la rédaction du contrat entre Bronston et Du Pont, nous ne sommes pas là pour faire des films. C'est une vitrine. Notre commerce de base est la manipulation financière. Notre vitrine aurait pu être la graine de soja. Ou des lacets. Elle s'avère être des films. Grâce aux millions que notre business a infusés dans l'économie espagnole, le gouvernement à Madrid a autorisé Sam à importer du pétrole. Des pétroliers partent du Venezuela pour accoster à Barcelone, et nous revendons leur pétrole avec un bénéfice conséquent. C'est avec cet argent que nous réglons les factures de Du Pont quand elles arrivent à échéance. C'est ça, notre business de base. — Imaginez que nos films ne marchent pas en salles ? demande naïvement Lazarus. — Nous en referons d'autres. Ou alors nous nous lancerons dans la graine de soja. Ou dans les lacets. Il y aura toujours d'autres pétroliers. »

10

La chute de l'empire Waszynski

Sam Bronston est trop heureux de financer ses propres pyramides d'Egypte. Il veut produire en priorité des films à gros budgets pour voir son nom en haut de l'affiche, et s'affirmer comme l'égal d'un Cecil B. DeMille. Le réalisateur des *Dix Commandements* ne possédait pas de Waszynski dans son entourage. Le prince ne s'intéresse qu'à des mondes en décadence ou en voie d'extinction. Sa pathologie consiste à bâtir des palais à la chaîne en assignant au cinéma la mission d'ériger les répliques des grands royaumes disparus : la Judée du Ier siècle, l'Espagne du XIe, la Chine du début du XXe, et bientôt l'Empire romain. Si la disparition des empires l'intrigue tant, c'est parce qu'il ne connaît rien d'autre. Depuis la

Volhynie de son enfance, depuis la Pologne, depuis *Le Dibbouk*, et depuis la guerre, il est le témoin permanent de la même entreprise de destruction où les communautés humaines sont exterminées les unes après les autres.

La production des *55 Jours de Pékin* prend l'eau. La succession, ou plutôt la superposition, des scénaristes – en plus de Yordan et de Bernard Gordon, Robert Hamer, Arnaud d'Usseau, Ben Barzman et Jon Manchip White collaborent, avec plus ou moins de succès, au scénario –, pourrait donner lieu à un opéra bouffe. Robert Hamer, un réalisateur anglais brillant – on lui doit *Noblesse oblige* avec Alec Guinness –, se liquéfie sous le soleil ibère et se trouve débarqué du jour au lendemain. Son éthylisme prononcé devient un obstacle insurmontable à la moindre tâche professionnelle. « Sa chambre d'hôtel était jonchée de bouteilles de whisky, raconte Bernard Gordon. On se serait crus dans *The Lost Week-End.* »

Le comportement de Jon Manchip White se révèle lui aussi bien décevant. Engagé pour réécrire les scènes avec David Niven, il met à profit son séjour à Madrid pour compléter sa collection d'éventails en ivoire et de vestes de toreros. Philip Yordan accumule de son côté les revues d'astrologie dont il est friand. « Je ne connais pas de meilleur moyen pour prédire l'avenir. »

Déjà en proie à de sérieux problèmes d'alcool, Nicholas Ray n'a jamais eu – à part le *Roi des rois* – l'expérience d'une aussi grande production et se montre rapidement dépassé par les contraintes d'un tournage plombé par les intrigues de couloirs de l'empire Bronston. Selon Bernard Gordon, il se montre tellement perturbé qu'il se tourne régulièrement sur le plateau vers Philip Yordan pour lui demander conseil. Deux mois après le début du tournage, il s'effondre le 27 septembre 1963, victime d'une crise cardiaque. Il est remplacé au pied levé par Andrew Marton, un des réalisateurs de seconde équipe les plus réputés (grâce à *Lawrence d'Arabie* et à la course de chars de *Ben Hur*), qui avait terminé deux mois plus tôt (le 28 juillet) en Egypte les dernières scènes de bataille de *Cléopâtre*. Nicholas Ray dira plus tard que Marton « a fait un travail vraiment héroïque ». On connaît par ailleurs la blague de Billy Wilder : « Les scènes d'action de mes films se limitent à une secrétaire pourchassée par son patron dans son bureau et même pour ça j'appelle Andrew Marton. »

Nicholas Ray se remet d'aplomb plus rapidement que prévu, mais à ce moment-là l'équipe du film, Charlton Heston en tête, est trop contente de saisir cette opportunité pour se débarrasser de lui. Ava Gardner se révèle incontrôlable. Usée, dépressive, alcoolique, elle a toutes les peines du monde à se souvenir de son texte et se révèle incapable de travailler après quatre heures de l'après-midi. « Madame Gardner, lui demande Paul Lukas, l'un des comédiens du film, je crois que vous pouvez faire quelque chose qui nous aiderait tous beaucoup : attendre l'heure du déjeuner pour commencer à boire. » Ava Gardner pèse sur les nerfs de toute l'équipe, à commencer par ceux d'Heston. Le scénario, qui n'en est plus à un changement près, est spécialement modifié pour y inclure la mort prématurée de son personnage de comtesse russe.

Heston n'est guère plus flexible. Selon Giorgio Dickmann, il suscite des haut-le-cœur par son avarice. Il se sert à l'économat en bouteilles de lait et en biscuits pour son jeune garçon. Il trouve aussi un moyen de relier l'électricité de sa maison à celle de la production pour ne pas avoir à en payer la facture. Mécontent de son rôle dans *Les 55 Jours*, il pense n'avoir pas assez de texte à dire. Bernard Gordon doit écrire des dialogues supplémentaires. David Niven se plaint lui aussi du script, médiocre à ses yeux, alors qu'il avait donné son accord sans le lire, trop content d'empocher son cachet mirifique. Bernard Gordon a l'idée de lui écrire une scène à la *Hamlet* qui a le mérite de calmer l'acteur britannique. Niven peut ainsi s'épancher devant son épouse attentionnée sur la difficulté de sa tâche d'ambassadeur de Grande-Bretagne.

Ce désastre humain galvanise Michal Waszynski. Il pense déjà à *La Chute de l'Empire romain*. Il rêve aussi d'une première des *55 Jours de Pékin* au Radio City Music Hall de New York. Bernard Gordon : « Je lui ai dit : "Mike, tu es très loin du compte. Pas avec ce film, tu perds la boule." Il était très vexé. J'ai quand même réussi à le convaincre de me laisser écrire une voix off susceptible de rendre le film plus compréhensible. J'étais toujours invité à ses dîners. J'ai souvent pensé que ses histoires de prince étaient exagérées, mais il menait à coup sûr un train de vie royal. Il habitait une demeure de la banlieue de Madrid. Ce n'était pas un palais, mais presque.

Elle était superbement meublée. Il m'a sorti une magnifique porcelaine de Chine. » Jacques Sernas, l'un des seconds rôles des *55 Jours*, qui avait été embauché en direct par Waszynski qu'il connaissait depuis son séjour à Rome, se souvient d'un homme « qui avait des trésors chez lui, de la vaisselle d'or. Il vivait sur un grand pied. J'ai été frappé par l'abondance de biens. Bronston semblait vouloir dépenser le plus d'argent possible, c'était un peu un gangster. Mischa vivait depuis son séjour à Rome avec son secrétaire. C'était un beau garçon, brun, plus jeune que lui. On aurait dit son alter ego. J'ai vu défiler beaucoup de jeunes garçons chez Mischa, tous bruns, juste là pour un jour ou deux. Mischa collectionnait les garçons, mais ne s'attachait pas ».

Faute de Radio City Music Hall, Mike Waszynski organise en mai 1963 à Londres une première princière pour *Les 55 Jours de Pékin*, en présence de la reine Elisabeth, son époux le prince Philippe, et son cousin lord Mountbatten. Sam et Dorothea Bronston sont présentés à Son Altesse. Suivent Mischa Waszynski, Nicholas Ray et toute l'équipe du film. « Mike était aux anges, il avait l'impression de côtoyer les étoiles », se rappelle Bernard Gordon. *Les 55 Jours* se révèle une bonne affaire commerciale. Le 17 juillet 1964, Bronston déclare au *Hollywood Reporter* que le film a battu les records de garantie, encaissant 7,2 millions de dollars, pour un budget de production de 9 millions.

Depuis *Les 55 Jours de Pékin*, le ciel est la seule limite de Sam Bronston. Il peut prétendre en juin 1963 au titre de producteur le plus envié du monde. Le *New York Times* évoque un homme « à la stature napoléonienne » qui a injecté 30 millions de dollars dans l'économie espagnole. Plus sarcastique, *Time* écrit « que Bronston se voit comme un super Cecil B. DeMille. Il essaie vraiment d'imposer cette idée pied à pied. Et il semble y arriver. Le statut de Bronston en Espagne est aujourd'hui si important qu'il pourrait produire un film qui s'appellerait *Souviens-toi du Maine* ».

Sam Bronston côtoie les cieux en novembre 1963, quand il reçoit au Vatican la grand-croix du Mérite des chevaliers de l'ordre du Saint-Sépulcre de Jérusalem. Lors de la cérémonie, le cardinal Eugène Tisserant assure que Bronston mérite vraiment un tel honneur en raison de son travail dans « un domaine aussi important et exigeant que la production de films. Je dirais que vous avez apporté à vos activités une lumière qui témoigne de votre vibrante foi en Dieu ».

Michal Waszynski est lui tout affairé à bâtir un nouveau mausolée pour *La Chute de l'Empire romain*, dont il achève la construction avant même d'avoir un scénario en main, pour la somme absurde d'un million de dollars. Que cette folie s'avère, dans le scénario commandé à Basilio Franchina et Ben Barzman et réalisé par Anthony Mann, l'incarnation de la psyché dérangée de l'empereur Commode n'effleure pas l'imagination du prince. Il faut marquer l'histoire du cinéma. Faire mieux qu'*Intolérance* de Griffith. Beaucoup mieux que *Ben Hur*, et même que *Cléopâtre*. *Time* assure dans un reportage que les décors de *La Chute de l'Empire romain* sont huit fois plus grands que ceux du film de Joseph L. Mankiewicz. Comme ceux des *55 Jours*, ils ont été construits en dur.

Une telle option a, cette fois, une explication rationnelle. Des décors en dur ne craignent pas les risques d'ouragan qui viennent de faire exploser le coût de production de *Cléopâtre*. Veniero Colasanti et John Moore ont entièrement reconstruit le Forum romain, entouré par vingt-sept immeubles, avec le palais impérial derrière lui, plus un nombre incalculable de colonnes, et trois cent cinquante statues. Le temple de Jupiter s'élève à cinquante mètres. Plusieurs milliers de figurants doivent envahir le Forum, et la multitude des détails et la précision de la reconstitution promettent d'être inoubliables. Elles ne le sont pas. Rien dans le scénario de Barzman et Franchina ne justifie de tels moyens. A vrai dire pas une seule scène de leur scénario n'est censée se dérouler dans le Forum ! Puis Philip Yordan passe par-derrière et déplace de manière consistante l'action du film au Forum. « C'était un coup de Mike Waszynski pour siphonner quelques millions de dollars supplémentaires, assure Norma Barzman. Lorsque Ben est allé voir Bronston pour lui demander pourquoi il laissait Yordan détourner autant d'argent, Sam lui a répondu : "Ce n'est rien à côté de ce que Mike empoche." »

Paul Lazarus est le premier à sentir poindre la catastrophe. Il est absolument effrayé devant la construction de décors aussi disproportionnés : « A mon grand malheur, je venais de découvrir que Colasanti et Moore, nos deux satanés directeurs artistiques, avaient décidé de faire mieux que César. » Lazarus appelle

Bronston immédiatement : « "Vous avez vu ce qu'ils sont en train de faire à Las Matas ?" Non, il n'avait rien vu. Il n'y avait rien dans le script qui justifiait des constructions aussi importantes. L'avait-il seulement lu ? Non, il ne l'avait pas terminé. Bronston m'a expliqué qu'il lisait lentement. Le tournage commençait quand même dans deux semaines. C'était une pure folie. »

Découragés par la déliquescence de l'empire Bronston, Ben Barzman et Anthony Mann laissent filer un film sur lequel ils exercent un contrôle des plus réduits. Le casting de *La Chute de l'Empire romain* est catastrophique. Stephen Boyd, dans un rôle prévu à l'origine pour Charlton Heston, ne possède pas le charisme de la star du *Cid.* Sophia Loren n'arrive pas à dire son texte. Les rôles secondaires, James Mason, Alec Guinness, Anthony Quayle, Christopher Plummer, tous des acteurs anglais recrutés par Waszynski, sont à la hauteur.

Le film porte effectivement son Forum comme une croix, aux dépens de son intrigue initiale pourtant des plus passionnantes. Mann veut raconter ce qui a provoqué la chute de l'Empire, à commencer par l'interdiction faite au peuple de parler par l'intermédiaire du Sénat. « Personne n'a compris ce que j'ai voulu faire, racontera par la suite Anthony Mann. J'ai voulu montrer la folie du monde, le déclin et la mort de l'esprit. Historiquement, tout est exact dans le film. Il est exact que Faustine avait de nombreux amants. Tout Rome savait qu'il y avait des gladiateurs parmi eux. Pourtant, Marc Aurèle l'aimait et il a construit de nombreux temples en son honneur. Certains ont attaqué le film parce qu'ils ont découvert des choses qui n'étaient pas dans les encyclopédies. Les encyclopédies ! On n'y trouve que deux paragraphes sur Marc Aurèle ! C'est tout ce qu'ils savent faire : lire les encyclopédies. »

Le synopsis du film revu par Yordan ressemble au final à un jeu de Monopoly où, au lieu de passer par la case départ, il faut sans cesse repasser par ce maudit Forum, d'où la curieuse impression de voir se dérouler un film épique condamné au surplace. Le plus grand film de l'histoire du cinéma est pour ainsi dire contraint à évoluer en huis clos. *La Chute de l'Empire romain* n'est pas dépourvue de splendeurs. Sa course de chars, dirigée par Andrew Marton, et qui oppose Livius et Commode, est encore plus réussie que celle, pourtant plus fameuse, de *Ben Hur*. La gigantesque main pointée vers le ciel d'où sort Commode à la fin du film, le regard perdu et les yeux exorbités, alors au sommet de sa mégalomanie, est inoubliable. Comme l'est aussi l'alignement des centurions de Marc Aurèle, frappant leur poitrine d'un poing ferme alors que la neige commence à blanchir leurs uniformes. « Aujourd'hui, explique Martin Scorsese dans *Voyage à travers le cinéma américain*, un film comme *La Chute de l'Empire romain* a la beauté poignante d'un art perdu. C'était l'automne des grandes reconstitutions historiques américaines. Elles sont tout simplement devenues trop coûteuses. »

Le budget de *La Chute de l'Empire romain* se monte à vingt-deux millions de dollars. Cela en fait à l'époque le film le plus cher de l'histoire du cinéma, juste après *Cléopâtre*, dont le devis atteint quarante millions de dollars. Les scores médiocres du film de Mankiewicz au box-office depuis sa sortie en juin 1963 n'augurent rien de bon pour les Productions Bronston et pour les superproductions historiques.

Bronston parvient pourtant à signer un accord de coproduction avec Paramount. « Ce n'est pas un hasard que la compagnie si longtemps identifiée au nom de Cecil B. DeMille s'allie aujourd'hui à Samuel Bronston », affirme Barney Balaban. Bronston ne pouvait rêver mieux, au moment où ses finances commencent à battre de l'aile, mais ce mariage porte en germe la fin de l'empire Bronston, pour la première fois assujetti à un contrôle de gestion rigoureux. « Soyons clairs, reconnaît John Moore, une fois Paramount entré dans la danse, c'en était terminé de nos petites magouilles. Finis les décors grandioses, finies les frasques de Mike, ses fêtes, ses manipulations douteuses. On ne pouvait plus faire n'importe quoi. »

Michal Waszynski avait largement perdu le sens de la mesure à cette époque. Bronston Productions avait mis en chantier *Le Plus Grand Cirque du monde*, presque en même temps que *La Chute de l'Empire romain*. Nicholas Ray avait le premier émis l'idée de réaliser un film sur l'imprésario d'un cirque qui entreprend d'organiser en Europe une tournée des numéros les plus spectaculaires. Il avait même reçu cinquante mille dollars pour cela. Mais le réalisateur américain était depuis longtemps en disgrâce. Frank Capra, même s'il n'avait pas réalisé de film depuis dix ans, constituait une assurance plus solide. Il était à pied d'œuvre depuis 1961 à Madrid et avait supervisé l'engagement de John Wayne, Richard Conte et Rita Hayworth. Deux ans plus tard, Capra était lessivé, miné par l'alcool, et rendait un scénario inutilisable aux dires de tous ceux qui l'ont lu. John Wayne faisait pression avec succès pour le renvoyer et le remplacer par Henry Hathaway, un metteur en scène plus solide, imperméable aux intrigues de l'empire Bronston. A la même époque, John Ford, alors sur le déclin à Hollywood et sensible à la politique des studios Bronston qui consiste à embaucher des réalisateurs prestigieux en disgrâce chez eux, propose à Waszynski une adaptation du *Juif errant*.

Richard Fleischer, le réalisateur des *Vikings* et de *20 000 Lieues sous les mers*, débarque à Madrid au moment du tournage de *Circus World*, pour tourner, toujours pour Bronston, *The Nightrunners of the Bengals*, un film sur une rébellion menée en 1857 par des soldats indiens contre les forces anglaises. Des décors sont construits sans attendre. Fleischer est immédiatement saisi par l'intense atmosphère de corruption qui gangrène l'empire Bronston. «J'ai commencé à faire normalement mon travail, en essayant d'économiser le plus d'argent possible. J'ai rencontré une résistance considérable, agressive en plus. Colasanti et Moore ont commencé à grincer des dents quand je leur ai demandé de ne pas construire des décors dont je n'avais aucune utilité. Pareil pour les accessoiristes. Et c'était la même chose à tous les niveaux de la production. Tout le monde avait pris l'habitude de travailler à fonds perdus. Les principes d'économie et de discipline étaient frappés d'anathème. Personne ne m'appréciait, sauf Mike Waszynski, le bras droit de Bronston. C'était un bon vivant obèse. Il appréciait les bonnes choses et les possédait en abondance. Je lui ai présenté un budget inférieur de plusieurs millions de dollars à ce qui était prévu. Waszynski était ravi. Cela correspondait exactement à ce qu'il espérait. Puis il m'a dit quelque chose que je n'ai pas compris sur le moment. "Ne parle à personne de ce budget. Cela ne va pas être le budget officiel. Un nouveau budget va t'être communiqué la semaine prochaine. Il sera sensiblement différent de celui-ci, bien plus élevé. Mais je ne veux pas que tu poses de questions, contente-toi de l'accepter. D'accord?" et il m'a tapé sur l'épaule en signe d'amitié. "Si c'est ce que tu dis", lui ai-je répondu. Puis j'ai commencé à entendre des histoires sur Waszynski. Il touchait, dit-on, non seulement un pourcentage sur les bénéfices de chaque film, ce qui est normal, mais également un pourcentage sur le budget d'un film, ce qui l'est quand même beaucoup moins. Il ne faut pas s'étonner, alors, qu'il tînt à gonfler le budget. Je faisais le film pour le prix que j'avais annoncé, mais c'était une autre somme qui serait communiquée. J'ai appris qu'on avait commandé tellement de matériaux pour les décors de *La Chute de l'Empire romain* qu'un appartement avait été construit avec ce qui restait. J'ai vu un jour six Rolls-Royce livrées au studio. Elles étaient toutes destinées aux cadres de Bronston Productions. Il y a des choses que je n'ai jamais comprises dans le business de Bronston. A commencer par Bronston lui-même. C'était un homme de petite taille, avec un visage d'oiseau, un sourire figé et de bonnes manières. Ce n'était pas du tout un grand patron de studio. Il était difficile de déceler sa présence dans toute cette effervescence. Il se reposait entièrement sur Waszynski. Je n'ai jamais vu ou entendu Bronston prendre une décision. La question demeure : était-il une victime innocente, jamais au fait des magouilles autour de lui, ou alors était-il dans le coup ? »

La mainmise de Waszynski sur Bronston ne s'arrête pas seulement à sa vie professionnelle, et touche à la vie privée de son partenaire. « Michael était devenu un catholique dévot, assure John Moore. Il était essentiel pour lui d'être un bon catholique, même si ses proches savaient tous qu'il était juif. Il fallait lire l'extase sur son visage quand il entrait dans une église pour se signer. Dorothea Bronston m'avait demandé, ainsi qu'à Mike, d'assister au baptême de sa fille à l'église anglicane de Madrid. Nous étions, Mike et moi, les parrains du bébé, et Dorothea nous avait demandé de ne surtout rien dire à Sam de cette opération. »

Samuel Bronston s'attendait encore à passer une année 1964 flamboyante. La sortie du *Plus Grand Cirque du monde* était annoncée pour juin. Le tournage d'un film de guerre, *The Battle of the Bulge* (*La Bataille des Ardennes*), d'après un autre scénario de Yordan, était annoncé comme imminent. Et Michal Waszynski se préparait à continuer, comme si de rien n'était, son entreprise hautement illicite. Un ange veillait sur lui à coup sûr. Car il ne pouvait choisir de meilleur moment pour mourir. Le 20 février 1964, déjeunant avec le réalisateur argentin Hugo Fregonese au Jockey-Club à Madrid, il s'écroule dans son assiette, victime d'une crise cardiaque. « *He never got the second plate* » (Il n'a jamais pu arriver au plat de résistance), commente Alan Brown. « Mourir au Jockey-Club de Madrid ! s'écrie John Moore. Michael n'aurait pu rêver une plus belle mort. C'était en quelque sorte un couronnement. »

Waszynski aurait été sûrement encore plus ravi de découvrir sa nécrologie dans l'édition du 24 février de *Variety*. Sa lecture se passe de commentaire : « Le prince Michael Waszynski, soixante ans, producteur de cinéma, est mort d'une crise cardiaque le 20 février à Madrid. Waszynski, qui affirmait être le descendant d'une famille royale polonaise, s'était établi en Espagne en provenance d'Italie en 1960. Il était producteur exécutif aux Productions Bronston à Madrid depuis *Le Roi des rois*. »

Waszynski évite ainsi de justesse la désintégration de l'empire Bronston qui survient au moment de sa mort. Ne parvenant pas à faire honorer par Bronston une traite arrivée à échéance, une banque américano-belge, la Banking Corp., se replie sur Pierre Du Pont. Ce dernier avait une confiance absolue en Bronston, au point de ne même pas conserver le double des cautions qu'il signait les yeux fermés. Inquiet, il demande à la banque de mener un audit. Le résultat est accablant. Bronston Productions a accumulé trente-cinq millions de dollars de dettes. Le détail des opérations se révèle terrible pour le « prince ». Waszynski aurait ainsi acquis, en puisant dans les fonds de la compagnie, une villa de cinq cent mille dollars à Rome, la Villa Floria. Les découvertes de Sam Bronston ne s'arrêteront pas là. Au moment où il revend à l'ambassade du Nigeria sa luxueuse demeure de la banlieue madrilène, il fait des découvertes désagréables sur son ex-ami et associé. « Beaucoup de meubles qui avaient été achetés par mon père, raconte William Bronston, l'avaient été sur les conseils de Michael. Il y avait chez mon père trois ou quatre Dufy, un Picasso, deux œufs Fabergé, des vases chinois, des tapis persans, tous achetés par Waszynski. On s'est aperçus que les Dufy étaient faux. » La contrefaçon n'était pas étrangère à Waszynski. Il avait ouvert deux ans plus tôt dans le centre de Madrid un magasin spécialisé dans les reproductions d'œuvres cultuelles.

La cérémonie religieuse de l'enterrement de Waszynski se déroule à l'église, en présence de la plupart des dignitaires franquistes, venus saluer une dernière fois leur alter ego. « C'était incroyable, se souvient Philip Yordan. Les huiles franquistes étaient toutes présentes. J'ai cru qu'on enterrait un saint ou une figure nationale. Ils n'avaient donc pas compris que c'était un prince de mes deux. Même s'il devait y avoir un peu de vrai là-dedans, on ne peut tout de même pas mentir à ce point, c'était exagéré. Même son catholicisme me semblait bidon. D'expérience, je vous dis que lorsqu'un type avec un accent pareil revendique à ce point son catholicisme c'est qu'il est juif. » Bernard Gordon : « J'avais un étrange pressentiment, ce type me semblait trop catholique pour être tout à fait catholique. Son enterrement était un événement. Même Yordan est allé à la cérémonie, alors qu'il avait toujours juré qu'il ne se rendrait jamais à un enterrement, sauf le sien. »

Conclusion

C'est un endroit absurde pour une rencontre. Comme si le biographe de Jean Renoir rencontrait l'un de ses proches sur la tour Eiffel, ou celui de John Ford dans la Monument Valley. J'ai discuté avec Giorgio Dickmann de Waszynski à la fontaine de Trevi, exactement là où Anita Ekberg montrait sa poitrine plantureuse dans une scène de *La Dolce Vita* passée désormais à la postérité. Comme d'habitude, la place était noire de monde. On pouvait à peine s'entendre. En plus, Giorgio Dickmann était équipé d'un appareil d'assistance respiratoire qui rendait son débit heurté ct sa voix fluette. Giorgio Dickmann a fréquenté Waszynski pendant dix-huit ans, de 1946 jusqu'à sa mort. C'est le témoin dont rêve tout biographe, l'homme supposé tout connaître et que j'ai trouvé par miracle en consultant les renseignements internationaux sur Internet. Tous les documents orthographiaient son nom avec un seul *n* et il demeurait introuvable. J'ai tenté ma chance avec un *n* supplémentaire, et le Dickmann de mes rêves est apparu.

Il vivait dans la banlieue de Rome et n'avait plus parlé de « Mike » depuis trente ans, si ce n'est à ses proches. La perspective d'une telle rencontre l'excitait autant que moi. Avec le recul, je comprends pourquoi. Il ignorait tout de Waszynski, et en est resté au niveau des généralités d'usage. Waszynski était un individu charmant. S'il n'était pas prince, il se conduisait pourtant comme tel. Il était « plus ou moins juif », mais « avec lui on n'était de toute façon jamais sûr de rien ».

Tout ce qu'il lui restait de Mike se trouvait dans sa précieuse mallette Vuitton. Giorgio Dickmann m'a écouté raconter mon histoire et lui parler du Mischa qui l'avait marqué, lui, sa femme et ses enfants, et dont il semblait tout ignorer. Au moment de se dire adieu, devant cette fontaine de Trevi célébrissime, il m'a finalement confié son dilemme. Il était le légataire universel de Waszynski et l'héritier d'un palais de trois étages à Varsovie et d'une maison avec douze lacs dans la forêt polonaise. Pouvais-je l'aider à récupérer son bien ? Y avait-il seulement un moyen pour faire valoir son titre de propriété ? J'ai mal pris la mesure des choses. « Si palais à Varsovie il y avait, lui dis-je, et j'en doute fort, il a forcément été détruit pendant la Deuxième Guerre. Quant à la maison et ses douze lacs elle n'a pas plus de réalité que celle des sept nains dans *Blanche-Neige.* » J'aurais dû me taire et laisser cet homme d'âge mûr avec ses illusions. Il croyait vraiment aux histoires de ce prince polonais et se voyait comme l'héritier d'un royaume perdu.

J'ai eu d'autres expériences comparables au cours de la rédaction de ce livre. Je me souviens d'un étudiant croisé au National Yiddish Book Center à Amherst, dans le Massachusetts. Tout heureux d'entendre que je terminais une biographie de Michal Waszynski, il m'annonçait qu'il travaillait lui aussi à un article sur les similitudes entre *Nosferatu* et *Le Dibbouk*, un rapprochement d'autant plus évident que Waszynski avait été l'assistant de Murnau. J'ai dû lui annoncer la mauvaise nouvelle : Waszynski n'a jamais croisé Murnau. Mais son article reste pertinent. Parfois, les fausses rencontres importent davantage que les vraies.

Lorsque j'ai rencontré Giorgio Dickmann, il se rêvait propriétaire terrien. Quand je l'ai quitté, il était devenu un vagabond, dépouillé de ses biens. J'avais fait voler en éclats son royaume magique. Je ne suis pas certain qu'il m'ait cru. Et je suis encore moins sûr qu'il m'ait apprécié. Il a dû se dire que cet étranger venu de Paris n'y comprenait rien. Il s'est aussi dit que si j'avais rencontré « Mike », j'aurais moi aussi compris qu'un homme d'une telle classe ne peut tout à fait mentir. A sa manière il avait raison, et à la mienne j'avais tort. Nous ne vivions pas dans le même espace-temps. Pour lui, « Mike » était un noble de la Renaissance. Pour moi, un modeste juif de Volhynie. Et un juif de Volhynie ne possède pas de maison avec douze lacs. Je me rappelle lui avoir dit, juste avant de le laisser repartir, après ce qui avait été une journée épouvantable pour lui : « Vous savez, le peuple juif a une histoire, mais je crois que des individus comme Mike n'avaient pas de biographie. Les nazis avaient effacé toute trace de leur existence. En agissant ainsi, ils ont rendu tout possible pour les gens de sa génération. »

Giorgio Dickmann a retiré son tuyau, puis respiré un bon coup. Sa voix est devenue plus claire. « Le palais à Varsovie, n'oubliez pas le palais, là-bas. Trois étages, en bois sculpté. Mike m'a assuré qu'il était pour moi. Si tout est possible, comme vous le prétendez, alors vous trouverez le palais. »

FILMOGRAPHIE

Acteur

1922

Zazdrosc** (autres titres : **Tragedia Zniesla Wionej et Tragedia Pensjonarki, en français : Tragédie d'une déshonorée)

Réalisateur et scénariste : Wiktor Bieganski. Dir. photo : Zbigniew Gniazdowski. Décors : Maksymilian Goldberg, Wojciech Stpiczynski. Production : Kinostudia. Durée : 70 mn. Sortie : 5 septembre 1922.

Interpr. : Zofia Jaroszewska, Mariusz Maszynski, Antoni Piekarski, Michal Waszynski.

Assistant réalisateur

1923

Prinzessin Suwaryn

Réalisateur : J. Guter

1925

Wampiry Warszawy (Les Vampires de Varsovie)

Réalisateur et scénariste : Wiktor Bieganski. Dir. photo : Antoni Wawrzyniak. Décors : Henryk Vlassak. Production : Merkurfilm. Sortie : 28 octobre 1925.

Interpr. : Oktawian Kaczanowski, Halina Labedzka, Lech Owron, Igo Sym.

1926

Orle (L'Aigle)

Réalisateur et scénariste : Wiktor Bieganski. Dir. photo : Antoni Wawrzyniak. Décors : Wincenty Drabik. Production : Wiktor Bieganski. Sortie : 1er janvier 1927.

Interpr. : Oktawian Kaczanowski, Ninka Wislinska, Bolcolaw Orlinski.

1927

Mogila Nieznanego Zolnierza (Le Tombeau du soldat inconnu)

Réalisateur : Ryszard Ordynski. Scénaristes : Ryszard Ordynski, Seweryn Romin. Dir. photo : Antoni Wawrzyniak. Décors : Waclaw Moszkowski, Jozef Galewski. Production : Star-Film. Sortie : 16 décembre 1927.

Interpr. : Jerzy Leszczynski, Maria Malicka, Nina Olida.

1928

Huragan (L'Ouragan)

Réalisateur : Jozef Lejtes. Scénariste : Jerzy Braun. Dir. photo : Hans Theyer, Juliusz Mars. Décors : Hans Rouc, Stefan Norris. Production : Polska Wytwornia, Filmow Historycznych. Durée : 118 mn (noir et blanc). Sortie : 16 mars 1928.

Interpr. : Zbigniew Savan, Renata Renée, Aleksander Zelwerowicz, Robert Valberg.

Przedwiosnie (L'Avant-printemps)

Réalisateur : Henryk Szaro. Scénario : Andrzej Strug, Anatol Stern. Dir. photo : Julius Mars. Décors : Hans Rouc. Production : Gloria. Sortie : 14 décembre 1928.

Interpr. : Zbigniew Sawan, Stefan Jaracz, Tekla Trapszo, Maria Gorczynska.

1949-1952

Othello

Réalisateur et scénariste : Orson Welles. Dir. photo : Anchise Brizzi, G.R. Aldo, George Fanto. Décors : Alexandre Trauner. Costumes : Maria de Mateis. Musique : Francesco Lavagnino, Alberto Barberis. Production : France-Italie, puis Italie, puis apatride (présenté au Festival de Cannes sous le drapeau marocain), A Mercury Production by Orson Welles, à l'origine Scalera Films : Rome. Durée : 95 mn (noir et blanc). Sortie : Festival international du film de Cannes, 10 mai 1952 (Palme d'or).

Interpr. : Orson Welles, Micheal Mac Liammoir, Suzanne Cloutier, Robert Coote, Hilton Edwards, Fay Compton.

RÉALISATEUR

1929

Pod Bandera Milosci (Sous le drapeau de l'amour)

Scénariste : Jerzy Braun. Dir. photo : Ferdynand Vlassak. Décors : Stefan Norris. Production : Lux. Sortie : 12 octobre 1929.

Interpr. : Zbigniew Sawan, Jerzy Marr, Pawel Owerllo, Maria Bogda, Jaga Boryta, Wladyslaw Walter.

Kult Sciala (Le Culte du corps)

Scénaristes : Anatol Stern, Stefan Szekely. Dir. photo : Hans Theyer, Akos Farkas. Décors : Boris Bilinsky, Pawel Minine, S. Lewandowski. Production : D.H. Zagrodzki Juliusz. Sortie : 18 janvier 1930. Tournage à Vienne, Varsovie et Budapest. Le film remporte un prix au Festival du film de Nice en 1930.

Interpr. : Michal Victor Varconyi, Agnes Petersen-Mozzuchinowa, Fryderyk Delius, Krystyna Ankwicz.

1930

Niebezpieczny Romans (Une histoire d'amour dangereuse)

Scénariste : Anatol Stern. Dir. Photo : Hans Theyer. Décors : Stefan Norris. Production : As-Film. Sortie : 18 octobre 1930.

Interpr. : Betty Amann, Boguslaw Samborski, Adolf Dymsza, Eugeniusz Bodo.

1931

Uwiedziona (Séduite)

Scénaristes : Anatol Stern, Leo Belmont. Dialogues : Anatol Stern, Jerzy Kossowski. Dir. photo : Hans Theyer, Leonard Zawislawski. Décors : Jacek Weinreich. Musique : Jerzy Petersburski. Production : Muzyka-Film. Sortie : 7 mars 1931.

Interpr. : Maria Malicka, Kazimierz Junosza-Stepowski, Krystyna Ankwicz, Zbigniew Sawan, Tadeusz Olsza.

1932

Bezimienni Bohaterowie (La Séduite)

Scénariste : Eugeniusz Bodo. Dir. photo : Seweryn Steinwurzel. Musique : Henryk Wars. Décors : Stefan Norris. Production : BWB-Films. Sortie : 6 mars 1932.

Interpr. : Maria Bogda, Adam Brodzisz, Eugeniusz Bodo, Wiktor Bieganski.

Glos Pustyni (La Voix du désert)

Scénariste : Eugeniusz Bodo. Dir. photo : Seweryn Steinwurzel. Musique : Henryk Wars. Décors : Stefan Norris. Production : BWB-Films. Sortie : 29 septembre 1932.

Interpr. : Maria Bogda, Nora Ney, Adam Brodzisz, Witold Conti, Eugeniusz Bodo.

Sto metrow Milosci (Cent Mètres d'amour)
Scénariste : Konrad Tom, Adolf Dymsza. Dir. photo : Antoni Wawrzyniak. Musique : Wladyslaw Dan. Décors : Stefan Norris. Production : Patria-Film. Sortie : 11 novembre 1932.
Interpr. : Zula Pogorzelska, Adolf Dymsza, Konrad Tom, Ludwik Lawinski, Dora Kalinowna, Krystyna Ankwicz.

1933

Jego Ekscelencja Subiekt (Son Excellence le sujet)
Scénariste : Konrad Tom. Dir. photo : Seweryn Steinwurzel. Musique : Henryk Wars. Décors : Stefan Norris. Production : Urania-Film. Sortie : 7 septembre 1933.
Interpr. : Eugeniusz Bodo, Ina Benita, Konrad Tom, Wiktor Bieganski.

Dwasnacie Krzesel (Les Douze Chaises)
Co-réalisateur : Martin Fric. Scénariste : Karel Lamac. Dir. photo : Antoni Wawrzyniak. Décors : Stefan Norris. Production : Terra-Film (Brno), Rex (Varsovie). Sortie : 5 octobre 1933.
Interpr. : Vlasta Burian, Adolf Dymsza, Zula Pogorzelska, Wanda Jarszewska.

Prokurator Alicja Horn (Le Procureur Alicja Horn)
Scénariste : Boleslaw Land, Marta Flantz. Dir. photo : Albert Wywerka. Décors : Jacek Rotmil. Musique : Wladyslaw Dan. Production : Leo-Film. Sortie : 23 décembre 1933
Interpr. : Jadwiga Smosarska, Zosia Mirska, Boguslaw Samborski, Tadeusz Fijewski.

Zabawka (Le Jouet)
Scénariste : Andrzej Lomakowski, M. Krol. Dir. photo : Seweryn Steinwurzel. Décors : Jacek Rotmil. Musique : Roman Palester. Production : Stefan Gulanicki. Sortie : 9 décembre 1933.

Interpr. : Alma Kar, Eugeniusz Bodo, Stefan Gucki, Jerzy Marr, Stefania Gorska, Konrad Tom, Wiktor Bieganski.

1934

Parada Rezerwistow (La Parade des réservistes)
Scénaristes : Emanuel Schlechter, Szer-Szen. Dir. photo : Antoni Wawrzyniak. Musique : Wladyslaw Dan. Décors : Jacek Rotmil. Production : David Lebenbaum, Del-Film. Sortie : 31 janvier 1934.
Interpr. : Adolf Dymsza, Stanislaw Sielanski, Tola Mankiewiczowna, Jozef Kondrat, Jerzy Kobusz.

Kocha, Lubi, Szanuje (Un peu, beaucoup, passionnément)
Scénariste : Napoleon Sadek. Dir. photo : Seweryn Steinwurzel. Décors : Jacek Rotmil, Stefan Norris. Musique : Henryk Wars. Production : Universal Pictures Corp. Sortie : 28 mars 1934.
Interpr. : Eugeniusz Bodo, Loda Halama, Wladyslaw Walter, Zula Pogorzelska, Michal Znicz.

Piesnaw Warszawy (Le Château de Varsovie)
Scénaristes : Eugeniusz Bodo, Jerzy Nel, Ludwik Starski. Dir. photo : Seweryn Steinwurzel. Décors : Stefan Norris. Musique : Henryk Wars. Production : Urania-Film. Sortie : 24 mai 1934.
Interpr. : Eugeniusz Bodo, Maria Gorczynska, Barbara Gilewska, Michal Znicz, Stanislaw Lapinski.

Co Moj Maz Robi w Nocy ? (Qu'est-ce que mon mari fait la nuit ?)
Scénariste : Anatol Stern. Dir. photo : Albert Wywerka. Décors : Jacek Rotmil, Stefan Norris. Musique : Jerzy Peterburski. Production : Rex-Film. Sortie : 31 octobre 1934.
Interpr. : Michal Znicz, Maria Gorczynska, Kazimierz Krukowski, Wiktor Bieganski.

Czarna Perla (La Perle noire)
Scénaristes : Anatol Stern, Eugeniusz Bodo. Dir. photo : Albert Wywerka. Décors : Jacek Rotmil, Stefan Norris. Musique : Henryk Wars. Production : Urania-Film. Sortie : 20 décembre 1934.
Interpr. : Reri, Eugeniusz Bodo, Lena Zelichowska, Michal Znicz, Wiktor Bieganski.

1935

Antek Policmajster (Antek chef de police)
Scénaristes : Konrad Tom, Emanuel Schlechter. Dir. photo : Albert Wywerka. Décors : Jacek Rotmil, Stefan Norris. Musique : Henryk Wars. Production : Kino-Film. Sortie : 11 février 1935.
Interpr. : Adolf Dymsza, Antoni Fertner, Stefania Gorska, Maria Bogda, Konrad Tom.

ABC Milosci (L'ABC de l'amour)
Scénariste : Marian Hemar. Dir. photo : Albert Wywerka. Décors : Jacek Rotmil, Stefan Norris. Musique : Henryk Wars. Production : Rex-Film. Sortie : 22 février 1935.
Interpr. : Adolf Dymsza, Maria Bogda, Kazimierz Krukowski, Konrad Tom, Basia Wywerkowna.

Jasnie pan Szofer (M. le chauffeur)
Scénariste : Konrad Tom. Dir. photo : Albert Wywerka. Décors : Jacek Rotmil, Stefan Norris. Musique : Henryk Wars. Production : Urania-Film. Sortie : 13 septembre 1935.
Interpr. : Eugeniusz Bodo, Antoni Fertner, Ina Benita, Loda Niemirzanka.

Wacus (1935)
Scénariste : Napoleon Sadek. Dir. photo : Albert Wywerka. Décors : Jacek Rotmil, Stefan Norris. Musique : Wladyslaw Dan. Production : Rex-Film. Sortie : 3 octobre 1935.

Interpr. : Adolf Dymsza, Jadwiga Andrzejewska, Maria Korska, Jerzy Marr, Konrad Tom.

Panienka z Poste Restante (La Demoiselle de la poste restante)

Co-réalisateur : Jan Nowina-Przybylski. Scénaristes : M. Krol, Marian Hemar. Dir. photo : Albert Wywerka. Décors : Jacek Rotmil. Musique : Henryk Wars. Production : Stefan Gilanicki. Sortie : 31 octobre 1935.

Interpr. : Alma Kar, Aleksander Zabczynski, Michal Znicz, Wladyslaw Walter.

1936

Dodek na Froncie (Dodek s'en va-t-en guerre)

Scénariste : Napoleon Sadek. Dir. photo : Albert Wywerka. Décors : Jacek Rotmil, Stefan Norris. Musique : Henryk Wars, Wladyslaw Dan. Production : Rex-Film. Sortie : 23 janvier 1936.

Interpr. : Adolf Dymsza, Jozef Orwid, Mieczyslawa Cwiklinska, Wladyslaw Grabowski.

Bohaterowie Sybiru (Le Héros de Sibérie)

Scénaristes : Jerzy Walden, Eugeniusz Bodo. Dir. photo : Albert Wywerka. Décors : Jacek Rotmil, Stefan Norris. Musique : Henryk Wars. Production : Urania-Film. Sortie : 4 avril 1936.

Interpr. : Krystyna Ankwicz, Adam Brodzisz, Eugeniusz Bodo, Mieczyslaw Cybulski.

Bolek i Lolek (Bolek et Lolek)

Scénaristes : Napoleon Sadek, Jan Fethke. Dialogues : Konrad Tom. Dir. photo : Hans Theyer. Décors : Jacek Rotmil, Stefan Norris. Musique : Henryk Wars. Production : Rex-Film. Sortie : 17 septembre 1936.

Interpr. : Adolf Dymsza, Antoni Fertner, Janina Wilczowna, Alina Zeliska, Michal Znicz, Wladyslaw Grabowski.

Papa sie Zeni (Papa se marie)
Scénaristes : Napoleon Sadek, Jan Fethke. Dir. photo : Seweryn Steinwurzel, Jerzy Sten. Décors : Jacek Rotmil, Stefan Norris. Musique : Henryk Wars. Production : Maria Hirszbajn, Leo-Film, Sfinks. Sortie : 11 décembre 1936.
Interpr. : Lidia Wysocka, Jadwiga Andrzejewska, Mira Ziminska, Stanislaw Sielanski, Zbigniew Rokowiecki.

30 Karatow Szczescia (30 Carats de bonheur)
Scénaristes : Napoleon Sadek, Jan Fethke. Dir. photo : Hans Theyer. Décors : Jacek Rotmil, Stefan Norris. Musique : Henryk Wars. Production : Rex-Film. Sortie : 18 décembre 1936.
Interpr. : Adolf Dymsza, Jadwiga Andrzejewska, Jozef Orwid, Wladyslaw Grabowski, Ludwik Fritsche.

Bedzie Lepiej (Ça ira mieux)
Scénaristes : Emanuel Schlechter, Ludwik Starski. Dir. Photo : Albert Wywerka. Musique : Henryk Wars. Décors : Jacek Rotmil, Stefan Norris. Production : Zygmunt Mayflauer, Feniks. Sortie : 19 décembre 1936.
Interpr. : Loda Niemirzanka, Kazimierz Wajda, Henryk Vogelfanger, Aleksander Zbczynski, Antoni Fertner.

1937

Znachor (Le Connaisseur)
Scénariste : Anatol Stern. Dir. photo : Albert Wywerka. Décors : Jacek Rotmil, Stefan Norris. Musique : Henryk Wars. Production : Feniks. Sortie : 16 septembre 1937.
Interpr. : Kazimierz Junosza Stepowski, Elzbieta Barszczewska, Witold Zacharewicz, Wojciech Brydzinski.

Dybuk (Le Dibbouk)
Scénaristes : Alter Kacyzne, Marek Arnstein, Anatol Stern, d'après la pièce de Shalom Anski. Dir. photo : Albert Wywerka. Conseiller historique : Meyer Balaban. Décors :

Jacek Rotmil, Stefan Norris. Musique : Henekh Kon. Chorégraphe : Judith Berg. Chants rituels : Gershon Sirota. Production : Zygfryd Mayflauer, Ludwig Prywes, Feniks-Film. Date de sortie : 29 septembre 1937.

Interpr. : Avrom Morevsky, Isaac Samberg, Lili Liliana, Leon Liebgold, Moyshe Lipman, Dina Halpern, Max Bozyk, Shmuel Landau, David Lederman, S. Branecki, Abraham Kurc, M. Messinger, G. Lamberger.

1938

Kobiety nad Przepascia (Femmes au-dessus du précipice)

Co-réalisateur : Emil Chaberski. Scénariste : Anatol Stern. Dir. photo : Albert Wywerka. Décors : Jacek Rotmil, Stefan Norris. Musique : Henryk Wars. Production : Biuro Filmowe Stefan Nasfeter. Sortie : 5 mars 1938.

Interpr. : Maria Bogda, Nora Ney, Jadwiga Andrzejewska, Tamara Wiszniewska, Stanislawa Wysocka.

Druga Mlodosc (Deuxième Jeunesse)

Scénariste : Anatol Stern. Dir. photo : Albert Wywerka. Décors : Jacek Rotmil, Stefan Norris. Musique : Henryk Wars. Production : Feniks-Film. Sortie : 8 septembre 1938.

Interpr. : Maria Gorczynska, Kazimierz Junosza-Stepowski, Mieczyslaw Cybulski, Stanislawa Wysocka.

Ostatnia brygada (La Dernière Brigade)

Scénariste : Anatol Stern. Dir. photo : Albert Wywerka. Décors : Jacek Rotmil, Stefan Norris. Musique : Henryk Wars. Production : Feniks-Film. Sortie : 20 septembre 1938.

Interpr. : Maria Gorczynska, Lidia Wysocka, Zbigniew Sawan, Jerzy Pichelski, Zofia Wilczynska.

Profesor Wilczur (Le Professeur Wilczur)

Scénariste : Anatol Stern. Dir. photo : Albert Wywerka, Zbigniew Gniazdowski. Décors : Jacek Rotmil. Musique :

Feliks Rybicki. Production : Warszawskie Towarzystwo Filmowe. Sortie : 18 octobre 1938.
Interpr. : Kazimierz Junosza-Stepowski, Elzbieta Barszczewska, Witold Zacharewicz, Jozef Wegrzyn.

Gehenna (La Géhenne)
Scénariste : Anatol Stern. Dir. photo : Albert Wywerka. Décors : Jacek Rotmil, Stefan Norris. Musique : Ivo Wesby. Production : Age-Film. Sortie : 19 octobre 1938.
Interpr. : Lidia Wysocka, Ina Benita, Mieczyslawa Cwiklinska, Stanislawa Wysocka, Witold Zacharewicz.

Rena
Scénariste : Eugeniusz Bunda. Dir. photo : Albert Wywerka. Décors : Stefan Norris. Musique : Ivo Wesby. Production : Eksplo-Film. Sortie : 22 décembre 1938.
Interpr. : Stanislawa Angel-Engelowna, Loda Niemirzanka, Tekla Trapszo, Kazimierz Junosza-Stepowski.

Serce Matki (Le Cœur d'une mère)
Scénariste : Leon Trystan. Dir. photo : Albert Wywerka. Décors : Jacek Rotmil, Stefan Norris. Musique : Ivo Wesby. Production : Terra-Film. Sortie : 22 décembre 1938.
Interpr. : Stanislawa Angel-Engelowna, Irena Malkiewicz-Domanska, Kazimierz Wilamowski, Lidia Wysocka, Wanda Jarzewska.

1939

Trzy Serca (Trois Cœurs)
Scénario : Tadeusz Dolega-Mostowicz. Dir. photo : Albert Wywerka. Décors : Stefan Norris. Musique : Zygmunt Wiehler. Production : Feniks. Sortie : 17 mars 1939.
Interpr. : Elzbieta Barszczewska, Leokadia Pancewiczowa, Tadeusz Bialozczynski, Zofia Lindorfowna.

Wloczegi (Les Vagabonds)
Scénaristes : Emanuel Schlechter, Konrad Tom. Dir. photo : Albert Wywerka. Décors : Stefan Norris. Musique : Henryk Wars. Production : Feniks-Film. Sortie : 5 avril 1939.
Interpr. : Henryk Vogelfanger, Kazimierz Wajda, Stanislaw Grolicki, Stanislawa Stepniowna, Stanislawa Wysocka.

U Kresu Drogi (Au bout de la route)
Scénariste : Anatol Stern. Dir. photo : Albert Wywerka. Décors : Stefan Norris. Musique : Ivo Wesby. Production : K. S. Poplawski. Sortie : 9 mai 1939.
Interpr. : Kazimierz Junosza-Stepowski, Irena Malkiewicz-Domanska, Tamara Wiszniewska, Adam Brodzisz.

1943

Dzieci (Les Enfants)
Documentaire. Co-réalisateur : Konrad Tom. Dir. photo : Seweryn Steinwurzel

Polish Parade
Documentaire. Dir. photo : Seweryn Steinwurzel.

1944

Monte Cassino
Documentaire.

MP. Adama i Ewy
Documentaire. Scénaristes : Michal Waszynski, Ignacy Jesman. Dir. photo : Stanislaw Lipinski, Seweryn Steinwurzel. Musique : L. Phillip. Production : Referat Filmowy Oddzialu Propagandy i Kultury DWAAPW. Durée : 37 mn.

1945

Wielka Droga (titre italien : La Grande Strada, en français : Le Grand Chemin)

Scénario : Konrad Tom. Dir. photo : Stanislaw Lipinski, Seweryn Steinwurzel. Musique : Henryk Wars, Alfred Schutz. Production : Osrodek Kultury i Prasy II Korpusu Polskiego.

Interpr. : Jadwiga Andrzejewska, Renata Bogdanska, Albin Ossowski, Jozef Winawer, Wieslawa Buczerowa, Feliks Fabian.

1946

Lo Sconosciuto di San Marino (L'Inconnu de Saint-Marin)

Scénaristes : Vittorio Cottafavi, Giulio Morelli, Cesare Zavattini. Dir. photo : Arturo Gallea. Réalisateur deuxième équipe : Vittorio Cottafavi. Musique : Alessandro Cigognini. Décors : Boris Bilinsky. Production : Giampaolo Bigazzi, Film Gamma. Durée : 1 h 25.

Interpr. : Anna Magnani, Vittorio De Sica, Aurel Milloss, Renata Bogdanska, Antonio Gandusio, Irma Gramatica.

1947

Fiamme sul mare

Co-réalisateurs : Vittorio Cottafavi et Filipp Comoletti Gaudenti. Scénaristes : Michal Waszynski, Vittorio Cottafavi, Gherardo Gherardi, Filippo Comoletti Gaudenti. Dir. photo : Arturo Gallea. Musique : Alessandro Cigognini, Giuliano Conte. Décors : Gastone Medin. Production : Sirena Film.

Interpr. : Edda Albertini, Ciro Berardi, Nando Del Duca, Mario Gallina, Aristide Garbini.

Interprète

1949

Cagliostro

Réalisateur : Gregory Ratoff. Scénariste : Charles Bennett. Dir. photo : Ubaldo Arata, Anchise Brizzi. Décors : Ottavio Scotti, Jean d'Eaubonne. Musique : Paul Sawtell. Production : Edward Small Productions. Sortie : 8 novembre 1949.

Interpr. : Orson Welles, Nancy Guild, Akim Tamiroff, Valentina Cortese, Count Orloff, Princess Vassileikof, Prince Volkonski, Baroness Vredeun.

Directeur artistique

1948

Guglielmo Tell (Les Aventures de Guillaume Tell)

Réalisateur : Giorgio Pastina. Scénaristes : Giorgio Pastina, Giuseppe Zucca. Dir. photo : Arturo Gallea, Giovanni Ventimiglia. Décors : Ernesto Nelli. Musique : Gioacchino Rossini. Production : Fauno Film, I.C.E.T. Durée : 1 h 30.

Interpr. : Gino Cervi, Monique Orban, Danielle Benson, Laura Biggi, Alberto Collo.

1951

Quo Vadis

Réalisateur : Mervyn LeRoy. Scénaristes : S.N. Behrman, Sonya Levien, John Lee Mahin. Dir. photo : William V. Skall, Robert Surtees. Décors : Edward Carfagno, Cedric Gibbons, William A. Horning. Musique : Miklos Rozsa. Production : Metro-Goldwyn-Mayer. Durée : 2 h 51. Sortie (Etats-Unis) : 23 février 1951.

Interpr. : Robert Taylor, Deborah Kerr, Leo Genn, Peter Ustinov, Abraham Sofaer, Patricia Laffan.

1953

Roman Holiday (Vacances romaines)
Réalisateur : William Wyler. Scénaristes : Dalton Trumbo, John Dighton. Dir. photo : Henri Alekan, Franz Planer. Décors : Hal Pereira, Walter H. Tyler. Musique : Georges Auric, Victor Young. Production : Robert Wyler, William Wyler. Sortie : 27 août 1953.
Interpr. : Gregory Peck, Audrey Hepburn, Eddie Albert, Hartley Power, Harcourt Williams.

Il Maestro di Don Giovanni (titre américain : Crossed Swords, titre français : Les Aventures de Don Juan)
Réalisateurs : Milton Krims, Vittorio Vassarotti. Scénariste : Milton Krims. Dir. photo : Jack Cardiff. Décors : Arrigo Equini. Production : Barry Mahon, Vittorio Vassarotti. Durée : 1 h 26. Sortie (Etats-Unis) : 28 juillet 1954.
Interpr. : Errol Flynn, Gina Lollobrigida, Cesare Danova, Nadia Gray, Paola Mori, Silvio Bagolini.

William Tell
Réalisateur : Jack Cardiff. Dir. photo : Jack Cardiff. Musique : Mario Nascimbene. La production est abandonnée au bout de trois semaines de tournage durant le mois de juin. Environ une demi-heure de film utilisable a été tournée.
Interpr. : Errol Flynn, Bruce Cabot, Watraut Haas, Antonella Lualdi.

DIRECTEUR DE CASTING

1954

The Barefoot Contessa (La Comtesse aux pieds nus)
Réalisateur et scénariste : Joseph L. Mankiewicz. Dir. photo : Jack Cardiff. Décors : Arrigo Equini. Musique : Mario Nascimbene. Production : Joseph L. Mankiewicz pour Figaro Inc./United Artists. Durée : 2 h 08. Waszynski est également

crédité au générique, en plus du Casting, au titre de Producteur associé, en compagnie de Franco Magli. Tournage du 11 janvier au 29 mars 1954. Sortie (USA) : 29 septembre 1954.
Interpr. : Humphrey Bogart, Ava Gardner, Edmond O'Brien, Marius Goring, Valentina Cortese, Rossano Brazzi, Elizabeth Sellars, Warren Stevens.

1955

Alexander the Great (Alexandre le Grand)
Réalisateur et scénariste : Robert Rossen. Dir. photo : Robert Krasker. Direction artistique : Andre Andrejew. Musique : Mario Nascimbene. Production : Robert Rossen pour Figaro Inc./United Artists. Durée : 2 h 21. Tournage de février à juillet 1955. Sortie (USA) : 28 mars 1956.
Interpr. : Richard Burton, Fredric March, Claire Bloom, Danielle Darrieux, Marisa De Leza, Peter Cushing, Barry Jones.

PRODUCTEUR

1957

The Quiet American (Un américain bien tranquille)
Réalisateur et scénariste : Joseph L. Mankiewicz. Dir. photo : Robert Krasker. Direction artistique : Rino Mondellini. Musique : Mario Nascimbene. Producteurs associés : Michael Waszynski, Ninh Noan. Production : Joseph L. Mankiewicz pour Figaro Inc./United Artists. Durée : 2 h. Sortie (USA) : 8 février 1958.
Interpr. : Audie Murphy, Michael Redgrave, Claude Dauphin, Georgia Moll, Bruce Cabot, Peter Trent.

1960

King of Kings (Le Roi des rois)
Réalisateur : Nicholas Ray. Scénario : Philip Yordan. Dir. photo : Franz F. Planer, Milton Krasner, Manuel Berenguer.

Décors et costumes : Georges Wakhevitch. Musique : Miklos Rozsa. Producteur : Samuel Bronston. Durée : 2 h 48. Sortie : octobre 1961. Michal Waszynski est crédité au titre de directeur du Casting, quand ses fonctions s'étendaient aussi à la Production du film.

Interpr. : Jeffrey Hunter, Robert Ryan, Siobhan McKenna, Hurd Hatfield, Viveca Lindfors, Rita Gam, Harry Guardino, Rip Torn, Royal Dano, Grégoire Aslan.

1961

El Cid (Le Cid)

Réalisateur : Anthony Mann. Scénaristes : Philip Yordan, Frederic M. Frank, Ben Barzman. Dir. photo : Robert Krasker, Manuel Berenguer. Décors : Veniero Colasanti, John Moore. Musique : Miklos Rozsa. Production : Samuel Bronston, Michael Waszynski (assoc.), Jaime Prades (assoc.) pour Samuel Bronston Productions/Dear Films. Durée : 3 h 01. Sortie (USA) : 14 décembre 1961.

Interpr. : Charlton Heston, Sophia Loren, Raf Vallone, Geneviève Page, John Fraser, Herbert Lom, Massimo Serato, Hurd Hatfield, Douglas Wilmer.

1962

55 Days at Peking (Les 55 Jours de Pékin)

Réalisateur : Nicholas Ray (et Andrew Marton, Guy Green). Scénaristes : Philip Yordan, Bernard Gordon. Dir. photo : Jack Hildyard. Décors : Veniero Colasanti, John Moore. Musique : Dimitri Tiomkin. Production : Samuel Bronston, Michael Waszynski (exec. assoc.), Alan Brown (assoc.) pour Samuel Bronston Productions. Durée : 2 h 34. Première : 6 mai 1963, Londres.

Interpr. : Charlton Heston, Ava Gardner, David Niven, Flora Robson, John Ireland, Harry Andrews, Paul Lukas, Jacques Sernas.

1963

The Fall of the Roman Empire (La Chute de l'Empire romain)

Réalisateur : Anthony Mann. Scénaristes : Ben Barzman, Basilio Franchina, Philip Yordan. Dir. photo : Robert Krasker. Décors : Veniero Colasanti, John Moore, Gloria Mussetta. Musique : Dimitri Tiomkin. Production : Samuel Bronston, Michael Waszynski (exec. assoc.), Jaime Prades (assoc.). Durée : 3 h 08. Sortie : 26 mars 1964.

Circus World (Le Plus Grand Cirque du monde)

Réalisateur : Henry Hathaway. Scénaristes : Nicholas Ray, Bernard Gordon, Ben Hecht, Julian Zimet, James Edward Grant, Philip Yordan. Dir. photo : Jack Hildyard. Musique : Dimitri Tiomkin. Production : Samuel Bronston, Michael Waszynski. Durée : 2 h 15. Sortie (USA) : 25 juin 1964.

Interpr. : John Wayne, Rita Hayworth, Claudia Cardinale, Lloyd Nolan, Richard Conte.

Chapitre 1 – L'enfance d'un prince

Entretiens : John Drake Moore (novembre 2002, téléphone), Giorgio Dickmann (Rome, 21 septembre 2004), Zofia Wilczynska (juin 2003, Varsovie), Dorothea Bronston (août 2004, téléphone).

L'entrée Volhynie dans l'*Encyclopaedia Judaïca* et le site www.jewishgen.org_ont été d'une aide essentielle pour trouver des informations sur cette ancienne région de Pologne située aujourd'hui en Ukraine.

Isaac Babel, *Journal de 1920,* traduit du russe par Wladimir Berelowitch, Babel/Actes Sud.

L'ouvrage *Le Monde juif* dirigé par Rachel Salamander (Chêne, 1991) était indispensable pour obtenir des détails sur la vie des *shtetls* en Europe centrale.

L'ouvrage d'Edward Zajicek, *Poza Ekranem, kinematografia polska 1918-1991* (Filmoteka Narodowa, 1992), est à ma connaissance la seule étude d'envergure à aborder le cinéma polonais d'avant guerre. Il a été d'une aide inestimable pour ce chapitre. *Le Cinéma polonais* de Boleslaw Michalek et Frank Turaj (Editions du Centre Georges-Pompidou, 1992) reste très succinct sur le cinéma polonais d'avant guerre, il s'est néanmoins révélé utile pour établir la filmographie de Waszynski. L'entrée Michal Waszynski de la revue *Pleograf,* dirigée par des chercheurs de l'université de Lodz, reste la seule étude biographique consacrée au réalisateur. Les extraits des critiques consacrées à Waszynski et citées dans ce livre proviennent de cet article.

CHAPITRE 2 – WASZYNSKI DEVIENT UN AUTRE

Entretiens : Zofia Wilczynska (juin 2003, Varsovie) ; Robert Haggiag (janvier 2004, téléphone) ; Norma Barzman (octobre 2002, téléphone) ; John Drake Moore (décembre 2002, téléphone) ; Rosemary Mankiewicz (août 2003, téléphone), Philip Yordan (novembre 2002, téléphone).

Les informations sur le financement du *Dibbouk* proviennent de l'étude d'Edward Zajicek, *Poza Ekranem, kinematografia polska 1918-1991*, Filmoteka Narodowa, 1992, et de celle, plus récente, publiée en hébreu, de Natan Gross, *Toldot Hakolnoa Hayehudi Bepolin : 1910-1950*. Jerusalem : Magnes Press, 1990.

Les histoires du cinéma yiddish sont rares. L'ouvrage de référence reste celui de Jim Hoberman : *Bridge of Light, Yiddish Film between two worlds*. Philadelphie : Temple University Press, 1991. Il a été d'une aide fondamentale pour la rédaction de ce chapitre. L'étude plus ancienne d'Eric A. Goldman, *Visions, Images, and Dreams : Yiddish Film Past and Present*, Ann Harbor, Mich. : UMI Research Press, 1983, offre des détails sur la production du *Dibbouk* qui ne sont pas abordés chez Hoberman.

<u>Contexte historique et culturel de la Pologne dans les années 1930</u>

Ezra Mendelsohn, *The Jews of East Central Europe Between the Wars*. Bloomington : Indiana University Press, 1983.

Aleksander Hertz, *The Jews in Polish Culture*. Evanston, Ill. : Northwestern University Press, 1988.

Miriam Weinstein, *Yiddish, mots d'un peuple, peuple de mots*, traduit de l'américain par Alix Girod. Editions Autrement, 2003.

<u>Histoire du théâtre yiddish</u>

Nahma Sandrow, *Vagabond Stars, A World History of Yiddish Theater*. New York : Limelight Editions, 1977.

Shalom Anski, *Le Dibbouk*, adapté d'après la version hébraïque de Haïm Nahman Bialik pour le théâtre Habima et d'après l'original yiddish par Nina Gourfinkel et Arié Mambush. Editions de l'Arche, 1957.

Les propos de Judith Berg proviennent d'un article de Michael Alpert, *Freylekhs on Film : The Portrayal of Jewish traditional Dance in Yiddish Cinema*. Jewish Folklore and Ethnology Newsletter 8, n°s 3-4 (1986). Ceux de Leon Liebgold sont extraits du *New York*

Times du 10 septembre 1989 et du *Los Angeles Times* du 17 novembre 1990.

Articles d'époque publiés dans la presse yiddish et polonaise sur Le Dibbouk

J. M. Neuman, *Menorah Journal*, mars 1930 et automne 1936.

Henekh Kon, In Film-Atelye, *Literarishe Bleter* (23/07/37).

M. Filmikus, Af Landshaft-Afnamen, tsum Dibuk-Film, *Literarishe Bleter* (16/07/37).

M. Kanfer, Zekranu : Dybuk, Nowy Dziennik, 1937.

CHAPITRE 3 – RETOUR À LA TERRE PROMISE

Entretiens : Elisabeth Vars (mars 2005, téléphone), Renata Bogdanska (novembre 2004, Londres), Albin Ossowski (février 2005, téléphone).

L'ouvrage d'Harvey Sarner, *General Anders and the soldiers of the Second Polish Corps* (Cathedral City : Brunswick Press, 1997), est l'une des très rares monographies publiées en anglais sur l'armée Anders. Aucun travail comparable n'a été écrit ou traduit en français. *Histoire de la Pologne* (Fayard, 1986) de Norman Davies s'est montré utile pour acquérir une vision d'ensemble de la Pologne durant la Deuxième Guerre mondiale.

Le fichier militaire de Waszynski m'a été envoyé par le ministère de la Défense de Grande-Bretagne qui détient les dossiers des soldats engagés dans l'armée Anders.

L'anecdote d'Alan Brown sur le voyage de Waszynski à Tel-Aviv m'a été racontée par Bernard Eisenschitz.

CHAPITRE 4 –

L'ARISTOCRATIE ROMAINE ACCUEILLE SON PRINCE

Entretiens : Zofia Wilczynska (juin 2003, Varsovie), Barbara Andrzejewska (août 2003, téléphone), Renata Bogdanska (novembre 2004, Londres), Albin Ossowski (février 2005, téléphone), Giorgio Dickmann (Rome, 21 septembre 2004), Betsy Blair (Cannes, 18 mai 2005), Ray Bradbury (juin 2004, téléphone), Jack Cardiff (mars 2005, téléphone), Rosemary Mankiewicz (août 2004, téléphone).

La plupart des informations sur Orson Welles en Italie proviennent de la biographie du réalisateur américain par Barbara Leaming (*Orson Welles*, Mazarine, 1986) et du livre d'entretiens de Peter Bogdanovich (*Moi, Orson Welles*, Belfond, 1993). Le journal du tournage d'*Othello* rédigé par l'acteur Micheal Mac Liammoir s'intitule *Put Money in thy Purse* (Methuen, Londres, 1952).

Je me suis appuyé sur deux biographies d'Errol Flynn : *Errol Flynn : The life and Career* de Thomas McNulty (Mc Farland & Company, 2004) et *Errol Flynn : The Untold Story* (Dell, 1984) de Charles Higham pour ce chapitre. La biographie de Tyrone Power par Fred Lawrence Guiles, *Tyrone Power, The Last Idol* (Doubleday, 1979), celle de Joseph L. Mankiewicz par Kenneth L. Geist (*Pictures will Talk, The Life and Times of Joseph L. Mankiewicz*, Charles Scribner's Sons, 1978), et l'autobiographie de Mervyn LeRoy (*Mervyn LeRoy : Take One*, Hawthorn Books, 1974) ont servi de base à plusieurs développements dans ce chapitre.

CHAPITRE 5 – L'HOMME DE SA VIE

Entretiens : Robert Haggiag (janvier 2004, téléphone), William Bronston (août 2004, téléphone), Norma Barzman (octobre 2002, téléphone), John Drake Moore (décembre 2002, téléphone), Rosemary Mankiewicz (août 2003, téléphone).

L'essentiel des informations biographiques sur Samuel Bronston proviennent de la passionnante thèse de doctorat de Neal Rosendorf, *The Life and Times of Samuel Bronston, Builder of Hollywood in Madrid : A Study in the International Scope and Influence of American Popular Culture.* C'est à ce jour le seul texte consistant sur le producteur américain.

CHAPITRE 6 – LE PRINCE S'OFFRE UN ROYAUME

Entretiens : John Drake Moore (décembre 2002, téléphone), Philip Yordan (novembre 2002, téléphone), Norma Barzman (octobre 2002, téléphone).

Les citations d'Alan Brown et certaines de Philip Yordan viennent de *Roman américain, les vies de Nicholas Ray* (Christian Bourgois Editeur, 1990), la remarquable biographie de Bernard Eisenschitz.

Les citations de Paul Lazarus sont issues de *The Life and Times of Samuel Bronston* de Neal Rosendorf.

CHAPITRE 7 – LE VATICAN EST À LUI

Les citations de Simon Mizrahi, Nicholas Ray et Alan Brown sont issues de *Roman américain, les vies de Nicholas Ray* (Christian Bourgois Editeur, 1990) de Bernard Eisenschitz.

CHAPITRE 8 – AU SERVICE DE FRANCO

Entretiens : John Drake Moore (décembre 2002, téléphone), Philip Yordan (novembre 2002, téléphone), Norma Barzman (octobre 2002, téléphone).

Les citations de Charlton Heston sont issues de son journal (*The Actor's Life, Journals 1956-1976*, Dutton, 1976) et de son autobiographie (*In the Arena*, Simon and Schuster, 1990).

La citation de Samuel Bronston provient de l'autobiographie de Norma Barzman (*The Red and the Blacklist*, Thunder's Mouth Press, 2003).

Les éléments relatifs au *Cid* et à la propagande franquiste sont repris de la thèse de Neal Rosendorf, *The Life and Times of Samuel Bronston.*

CHAPITRE 9 – UN PRINCE EN ESPAGNE

Entretiens : John Drake Moore (décembre 2002, téléphone), Philip Yordan (novembre 2002, téléphone), Norma Barzman (octobre 2002, téléphone), Bernard Gordon (septembre 2003, téléphone).

Les citations de Nicholas Ray et de Michal Waszynski sont issues de *Roman américain, les vies de Nicholas Ray,* de Bernard Eisenschitz.

Chapitre 10 – La chute de l'empire Waszynski

Entretiens : John Drake Moore (décembre 2002, téléphone), Philip Yordan (novembre 2002, téléphone), Norma Barzman (octobre 2002, téléphone), Bernard Gordon (septembre 2003, téléphone).

Les citations de Richard Fleischer proviennent de son autobiographie (*Just Tell Me When to Cry, a Memoir*, Carroll & Graf Publisher's, 1993).

Remerciements

Tout en assumant seul le contenu de ce livre, je tiens à remercier chaleureusement ceux qui m'ont aidé dans sa rédaction, m'apportant un soutien moral, amical, linguistique dans une entreprise où il était facile de se décourager. Il a fallu traduire des documents écrits dans cinq langues différentes, anglais yiddish, espagnol, italien et polonais. Je dois beaucoup à mes traducteurs de circonstance : Sibylle Blumenfeld pour l'espagnol, Florence Colombani pour l'italien, Anna Chodakowska et Jan Krauze pour le polonais. D'autres m'ont permis de retrouver la trace de personnes qui ne pensaient plus qu'on chercherait un jour à les joindre. Grâce à eux ma tâche a été beaucoup plus facile : Pierre Rissient, Marcel Meslati, Cynthia Liebow, Margaret Koslowska, William Friedkin, Massimo Saidel, Marina Gefter, Jean-Luc Douin, Manuel Carcassonne, Bernard Eisenschitz, Jan Slodowski, Denise Breton, Bertrand Tavernier, Marie-Karine Schaub, Claude Singer.

TABLE

Achevé d'imprimer sur les presses de

BUSSIÈRE

GROUPE CPI

à Saint-Amand-Montrond (Cher)
pour le compte des Éditions Grasset
en mars 2006

N° d'édition : 14259. — N° d'impression : 061014/4.
Dépôt légal : mars 2006.

Imprimé en France

ISBN 2-246-65201-4